Evocando os Espíritos

Trabalho realizado no Laboratório de Pesquisa Mediúnica do Círculo de Pesquisa Espírita – CIPES, de Vitória, Espírito Santo, nas suas sessões de estudos doutrinários.

L. Palhano Jr.

Evocando os Espíritos

Desenvolvimento do capítulo
"Das Evocações"
de *O Livro dos Médiuns*, de Allan Kardec

Transe e Mediunidade
Série

Lachâtre

Direitos de publicação cedidos pelo autor à
Instituto Lachâtre
Caixa Postal 164 – CEP 12914-970
Bragança Paulista – SP
Telefone: 11 4063-5354
Site: www.lachatre.org.br
E-mail: editora@lachatre.org.br

Produção Gráfica da Capa
Andrei Polessi

2ª edição – Outubro de 2014
Do 3.001º ao 5.000º exemplar

Impresso no Brasil
Presita en Brazilo

CIP-Brasil. Catalogação na fonte

P166t Palhano Júnior, Lamartine, 1946-2000.
Evocando os espíritos, desenvolvimento do capítulo "Das evocações" de *O livro dos médiuns* / L. Palhano Jr. – Bragança Paulista, SP : Instituto Lachâtre, 2014, 2ª Edição.
176p. (Série Transe e Mediunidade)

1. Espiritismo. 2. Evocação de espíritos. 3. Mediunidade. 4. Varredura medianímica. I.Título. II. Subtítulo III. Série Transe e Mediunidade.

CDD 133.9 CDU 133.7

Os espíritos se manifestam espontaneamente ou por evocação. Podem-se evocar todos os espíritos: aqueles que animaram homens obscuros, como aqueles de personagens mais ilustres, qualquer que seja a época na qual tenham vivido; os de nossos parentes, de nossos amigos ou de nossos inimigos, e com isso obter, por comunicações escritas ou verbais, conselhos, informações sobre a sua situação no além-túmulo, sobre seus pensamentos a nosso respeito, assim como as revelações que lhes são permitidas nos fazer. (Kardec, Allan. *O livro dos espíritos.* Introdução, item VI, FEB, Rio de Janeiro.)

É com grande estima que dedico este trabalho aos médiuns do Círculo de Pesquisa Espírita (CIPES), que se empenharam em buscar as forças mais sutis de suas almas para contribuir com mais esta pesquisa medianímica. São eles: Diva Machado Cardoso, Genny Soares Machado Vieira, Júlia A. de Souza Oliveira, Luana Poltronieri de Souza, Maria da Glória Fernandes de Jesus, Rose Torres Esteves e Waldemar João Vieira.

Agradeço

Ao espírito Léon Denis, considerado o Apóstolo do Espiritismo quando encarnado, pois, no momento em que estávamos traçando as primeiras linhas deste projeto de pesquisa, apresentou-se ao nosso grupo para orientar espiritualmente este trabalho com os 'mortos' e, depois, sempre esteve presente, inspirando e instruindo nas horas em que nos dedicávamos à elaboração prática e teórica da obra.

Aos espíritos Mário Alberto Pereira de Castro Jr., Lamartine Moura Palhano e Antônio Epiphânio de Souza, pela colaboração que deram no encaminhamento dos trabalhos de elaboração desta obra, amparando e intuindo os médiuns e o autor.

A nossa sincera gratidão aos médiuns e confrades, que participaram deste trabalho de modo desinteressado, fiéis aos pensamentos dos espíritos que aceitaram a nossa evocação e compareceram, acreditando na sinceridade e seriedade da tarefa proposta.

A todos os que, de uma maneira ou de outra, colaboraram para que esta obra viesse a lume, contribuindo de modo efetivo para a sua realização.

Sumário

Apresentação

Vez por outra, chega para nós um luzeiro de informações, mormente partindo da estrutura psicológica do autor, reconhecido, por pesquisas outras, na gleba científica do espiritismo.

A pesquisa espírita, no Brasil, esquecida durante muito tempo, começa a tomar vulto – até que enfim! – a partir de alguns núcleos de excelência que vêm sendo implantados graças à coragem, ao denodo e à visão de alguns poucos pesquisadores que não hesitam em insistir no desenvolvimento de trabalho árduo, lento, mas objetivo e pronto a colher frutos promissores, oriundos, ao mesmo tempo, de sua honestidade e humildade de propósitos e de sua profunda percepção futurística.

O CIPES – Círculo de Pesquisa Espírita, idealizado por Lamartine Palhano Jr. e seus companheiros de ideal é uma dessas organizações que vêm desassombrando o movimento espírita pela seriedade com que encara o trabalho de pesquisa, pela constituição de um laboratório de pesquisa mediúnica da mais alta confiabilidade, tendo como resultado a produção de textos e livros de qualidade indiscutível, atraentes e que realmente aprofundam as diversas teses espíritas em que mergulham, sem descurar do toque de profissionalismo que a modernidade exige, nos tempos atuais.

O ICEB – Instituto de Cultura Espírita do Brasil, em suas quatro décadas de existência, referendando os ideais de seu fundador Deolindo Amorim, exulta pela oportunidade de associar-se ao CIPES na produção e divulgação desta obra, porque a nós é cometida, também, a missão de trabalhar em prol da implantação de uma pesquisa espírita, em todos os níveis, de qualidade e com os padrões de responsabilidade e profissionalismo já atingidos pela organização capixaba.

Ressalta do trabalho de Palhano e seu grupo o rigor pela utilização adequada da metodologia científica, condição *sine-qua-non* para conceder aos resultados obtidos o grau de confiabilidade que a pesquisa exige pela seriedade de propósitos. Os mesmos cuidados tomados pelos primeiros pesquisadores da ciência espírita – Kardec entre eles – foram tomados pelo grupo, criticando e selecionando as comunicações obtidas e procurando revestir as experimentações de todas as condições imprescindíveis a qualquer trabalho significativo de cunho científico.

As informações e resultados sobre tão palpitante temática são enriquecedores. Sua avaliação é madura, sincera e autêntica, o que torna o livro manancial de novos conceitos e trilhas novas para a ciência psicológica. O autor, com sua clarificante percepção, está preenchendo certo vazio espiritual abandonado pela pesquisa material-reducionista que tenta explicar os fenômenos da área psicológica pelos seus efeitos e não pelas causas.

Esta obra desmistifica o problema da evocação dos espíritos, durante muito tempo verdadeiro tabu para os profitentes de diversos segmentos religiosos. Ela reforça, agora, o respaldo científico que a doutrina espírita é capaz de fornecer ao tema e traz, efetivamente, como bem o asseverou o espírito de Léon Denis, em seu prefácio, o toque renovador necessário, não a superar a Kardec, mas a relembrar a proposta da Codificação de percepção da nova realidade espiritual.

SERGIO CARVALHO DO NASCIMENTO
JORGE ANDRÉA DOS SANTOS
Pelo ICEB – Instituto de Cultura Espírita do Brasil
Rio de Janeiro, abril de 1999.

Investigações Espíritas

A doutrina espírita só foi codificada depois que se comprovou experimentalmente a existência dos espíritos e a possibilidade do intercâmbio medianímico entre as dimensões física e espiritual.

Diversos métodos foram empregados para a comprovação de que eram mesmos os espíritos que se comunicavam ou se manifestavam diante dos homens estupefatos, defrontados com os fatos que contrariavam suas idéias materialistas.

A maioria dos recursos utilizados para o intercâmbio com os desencarnados foi sugerida pelos próprios espíritos, utilizando diretamente os seus médiuns. Observadores atentos, a mais das vezes, apenas fizeram acompanhar os lances espontâneos das manifestações, como aconteceu na pequenina fazenda de Hydesville. Ali, um fenômeno dos mais simples, produzido por um espírito batedor, fez com que nascesse o moderno espiritualismo.

Daí em diante, desencadeou-se verdadeira 'febre', com a moda de observar as manifestações dos espíritos, dividindo a opinião de muitos sobre a questão da intervenção dos espíritos na vida do homem na Terra. A notícia, nascida no Novo Mundo, mais precisamente na América do Norte, alcançou o mundo através dos jornais e, por toda a parte, os espíritos comunicavam-se. Bastava para isso que houvesse presente um médium e suas emanações energéticas apropriadas.

Quem já não ouviu falar das mesas girantes? Não só das mesas, mas de qualquer objeto que facilitasse o intercâmbio psíquico. Um lápis era adaptado nas chamadas cestas-de-bico, nas pranchetas com rodinhas, nas cestas-pião. Surgiram as adaptações, como a mesa da sra. Emílio de Girardin. Os jornais anunciavam os acontecimentos, fatos inegáveis e incontestáveis, que venceram a negação dos investigadores mais capacitados, fazendo com que a curiosidade científica de desvendar os 'mistérios' e os 'embustes' os ligassem de algum modo à observação dos fenômenos espíritas. Assim aconteceu com homens como Lombroso, Crookes, Zöllnner, Chiaia, Aksakof, Delanne, Bozzano, Richet, Geley, e o mesmo com Rivail, na segunda metade do século passado.

Inicialmente, os magnetizadores mesmerianos já vislumbravam, na década de 1850, manifestações inteligentes e coerentes nos sonâmbulos espontâneos e induzidos, considerando, seriamente, as possibilidades do magnetismo espiritual. Dessa forma, foi uma questão de tempo para que esses investigadores percebessem que existia, além da humanidade corpórea, todo um universo extra-físico, o mundo espiritual e seus habitantes.

Convencido disso, o professor Rivail, depois cognominado Allan Kardec, o Codificador da Doutrina dos Espíritos, não teve mais dúvidas. Estabeleceu um método comparativo dos resultados que obtinha com vários médiuns, entrando pelos caminhos da lógica e do bom senso, verificando que havia uma unidade nas informações que os espíritos transmitiam, publicando suas conclusões, dando início à nova doutrina, que combatia o materialismo e vencia o reinado da religião da morte.

Kardec anotou, compilou, observou, catalogou, comparou e determinou, em continuidade à filosofia espírita, publicada em *O livro dos espíritos*, no ano de 1857, estabelecendo um método experimental que possibilitava repetir os fatos espíritas e que tornava mais fácil acompanhar e desenvolver os recursos da mediunidade. Publicou seus métodos, de forma didática e coerente, em 1861, em *O livro dos médiuns, ou guia dos médiuns e dos evocadores*.

Tendo sido divulgado o arcabouço filosófico e experimental do espiritismo, o Espírito de Verdade, o guia maior de Allan Kardec, orientou-o para que ele, após ter mostrado ao mundo a veracidade da vida após a morte e que os espíritos dos nossos parentes e amigos podiam comunicar-se conosco, realizasse a missão principal, que seria a testificação do Cristo, o outro Consolador que havia sido prometido. Veio a lume o livro *O evangelho segundo o espiritismo*, testemunhando que o evangelho de Jesus era verdadeiro, os erros que nele se hão enraizados são de origem humana.

Em seguida, já com o espiritismo consolidado e divulgado por todo o mundo cristão, vieram as contestações espíritas à teologia vigente, carregada de mitologia hebraico-greco-romana, e mais dois livros importantes vieram a lume: *O céu e o inferno* e *A gênese*, no final da década de 1860.

Depois dessa fase filosófica-experimental, veio a científica, na qual diversos autores, vendo os fenômenos, temeram a escola materialista e começaram a tratar o assunto como sendo uma variante das ciências psicológicas. Surgiram a metapsíquica e a parapsicologia, paralisando as pesquisas psíquicas na Europa, e a doutrina espírita, saindo dos parâmetros científicos existentes na cultura do Velho Mundo, encontrou aceitação religiosa no Brasil.

Culturalmente, essa fase religiosa foi descaracterizando os aspectos científico, filosófico e moral da doutrina espírita, dando lugar ao que muitos consideram uma nova religião, ou, vaidosamente, A Religião, enquanto os espíritos proclamavam apenas uma religiosidade natural, na qual, o homem, conhecendo a verdade de Deus, encontraria consolação e liberdade espiritual. A fase religiosa, no Brasil, foi desconsiderando os estágios experimentais e científicos, estabelecendo certos preceitos velados de fé, desviando os fiéis das instruções iniciais, enquanto Kardec já havia delineado que a ciência antecede a religião, pois a verdadeira religião é aquela que ensina ao homem a amar a Deus em espírito e verdade.

O momento, depois de quase um século de estágio religioso, é o de entrarmos na era intelecto-moral, na qual a religião deve ser proposta pelos recursos da compreensão dos desígnios divinos. Só há uma forma de acontecer isso: a utilização dos métodos científicos e da observação apurada, quando é possível separar a verdade da crendice, "o joio do trigo".

Se o homem quer obter notícias e conversar com os espíritos, com seus 'mortos' queridos, precisa-se, não restam dúvidas, de uma mediunidade confiável, dos recursos psíquicos adequados, das condições favoráveis, das evocações pertinentes. Apenas o estudo e o treinamento devido tornam possível uma ação eficaz e consciente, daí a necessidade das investigações espíritas, do método experimental, das confirmações por comparação, por análise, pela qualificação dos sentimentos, isto é, da receptividade de quem recebe a notícia de um ente querido que partiu para o mundo dos espíritos. Sem dizer das muitas chances de intercâmbio para troca de conhecimentos e orientações consoladoras.

Este trabalho vem como uma espécie de toque renovador, não para superar o mestre de Lyon, sempre intuído pelo Espírito de Verdade, mas para lembrar a proposta que ele deixou como legado de percepção da realidade espiritual para a humanidade, onde a ciência verifica, a filosofia identifica, a moral mostra a regra do bem proceder e a religiosidade natural desponta no coração humano, na compreensão da realidade de Deus.

LÉON DENIS[1]

[1] Mensagem psicografada obtida na reunião experimental do CIPES do dia 29 de setembro de 1998, objetivando o frontispício deste livro.

Introdução

A morte tem sido o grande enigma da humanidade desde os tempos imemoriais, quando já o homem se via perdido e inconsolável diante do cadáver de seu ente querido e nada podia fazer a respeito. Drama dos dramas, lamento dos lamentos, que fazer, que remédio!

A vida vai passando, passando, e, inexoravelmente, o ser humano caminha para o túmulo, que, em breve, torna-se vazio, só resta o pó, que se mistura com a própria terra, enriquecendo-a de substratos orgânicos e minerais.

Ao pressentir o momento da morte, o homem lamenta, revê sua vida, seus atos, seus desejos, o que fez e o que deixou de fazer, cismarento com seu próprio destino. Não tem certeza, tem receios do que lhe pode acontecer:

– Será que o fim está próximo, que desaparecerei para sempre? Ficarei apenas na memória de alguns até que os cérebros deles se cansem e me esqueçam? Será verdade o inferno, local de sofrimento para almas pecadoras como eu? Deus perdoará os meus pecados? Que será de mim?

São perguntas que o homem tenta responder através dos milênios que vive neste planeta de provas e expiações, são as preocupações de todos os séculos, como lembrou Léon Denis:

> Vi, deitadas em suas mortalhas de pedra ou de areia, as cidades famosas da antigüidade: Cartago, em brancos promontórios, as cidades gregas da Silícia, os arrabaldes de Roma, com os aquedutos partidos e os túmulos abertos, as necrópoles que dormem um sono

de vinte séculos, debaixo das cinzas do Vesúvio. Vi os últimos vestígios das cidades longínquas, outrora formigueiros humanos, hoje ruínas desertas, que o sol do Oriente calcina com suas carícias ardentes. (*Depois da morte*, p. 13, FEB, Rio de Janeiro, 1978.)

Mas o sofrimento mais penoso, mais intenso, é aquele em que nosso coração queda incompetente e incapaz, diante dos nossos mais queridos, cujos corpos estão à nossa frente, inertes, mortos, sem alma. O momento deles chegou, mas nós ficamos ali, estarrecidos, sem nada que se possa fazer. A ignorância acerca da morte é total, buscamos um bálsamo moral junto às religiões, que não conseguem nos acalmar diante da perda inevitável de nossos amores conjugais, paternais, maternais, filiais, fraternais, de amizades sinceras e permanentes. Que fazer?

Vem o choro inevitável, as lágrimas escorrem espontaneamente, uma saudade perigosa parece arrancar de nosso peito um pedaço substancioso de vida. Morremos um pouco naquele momento de perda. A doutrina da morte nos foi legada pela influência hebraica,

que permanece conosco ainda nos dias de hoje, embora o Cristo já nos tenha mostrado que não há morte, que Dues-Pai não é um Deus de morte, mas um Deus de vida. Paulo de Tarso, compreendendo a mensagem da ressurreição, gritou para os séculos:

> Tragada foi a morte na vitória. Onde está, ó morte a teu aguilhão? Onde está, ó morte, a tua vitória? (1Cor 15,54-55)

O homem continua insensível à mensagem do Cristo, sem acreditar que a sua ressurreição é verdadeira, que Ele voltou da morte e permaneceu, como permanece ainda, orientando seus cooperadores na evangelização do mundo. Desde o momento de sua ressurreição, como pode ser atestado com a leitura judiciosa do livro *Atos dos apóstolos*, testemunhado por Lucas, Jesus tem estado presente, ora guiando Pedro, surgindo para as mulheres piedosas ou orientando Paulo Apóstolo em sua peregrinação pelo mundo dos gentios. Léon Denis, o Apóstolo do Espiritismo, seu filósofo mais doutrinário, faz como que em um lamento, descreve o homem diante da morte de alguém que a muito ama:

> Um desses a quem amais vai morrer. Inclinado para ele, com o coração opresso, vedes estender-se lentamente, sobre suas feições, a sombra da morte. O foco interior nada mais dá que pálidos e trêmulos lampejos; ei-lo que se enfraquece ainda, depois se extingue. E agora, tudo que nesse ser atestava a vida, esses olhos que brilhavam, essa boca que proferia sons, esses membros que se agitavam, tudo está velado, silencioso, inerte. Nesse leito fúnebre mais não há que um cadáver! Qual o homem que a si mesmo não pediu a explicação desse mistério, e que, durante a vigília lúgubre, nesse silenciar solene com a morte, deixou de refletir no que o espera a si próprio? A todos interessa esse problema, porque todos estamos sujeitos à lei. (*Op. Cit.*, p. 14)

O cristão tem a ressurreição como parâmetro para a esperança futura, mas, mesmo assim, não compreende bem o que será depois que o corpo pára definitivamente. Ainda há mistérios que precisa desvendar. A herança religiosa, até hoje, em todos os tempos, não tem nada a oferecer para descortinar os véus desses mistérios, perdidos nos laboratórios dos sábios, hierofantes, iniciados, sacerdotes, dos bardos e dos gurus, embora a crença na imortalidade da alma esteja no princípio das religiões, desde tempos imemoriais.

Nos cânticos védicos é possível ler:

> Há uma parte imortal do homem que é aquela, ó Agni, que cumpre aquecer com teus raios, inflamar com teus fogos. De onde nasceu a alma? Umas vêm para nós e daqui partem, outras partem e tornam a voltar.

Nas páginas do *Bhagavad Gîta,* Krishna orienta com clareza a situação do homem na vida terrena e diante da morte, esclarecendo que só os corpos perecem:

> Perecíveis são os corpos, esses templos do espírito eterno, indestrutível, infinita é a alma que neles habita. Por isto, ó Arjuna, luta! (*Bhagavad Gîta*, cap. 2, nº 18).

No *Mahabharata* (tradução de H. Fauche) está escrito:

> Nada do que existe pode morrer, pois que tudo está em Deus. Assim, não é de bom alvitre chorarem-se os vivos ou os mortos, pois nenhum de nós deixará de existir além da vida presente.

Acrescente-se, então, o seu texto sobre a comunicação com os chamados 'mortos':

> As almas que só praticam o bem comum, já há muito tempo, antes de se despojarem de seus corpos mortais, adquirem a faculdade de conversar com as almas que as precederam na vida do espírito.

Vindo da Índia, o budismo espalhou-se pelo mundo e, no seu lado esotérico, podemos saber que Buda e seus discípulos praticavam o diana ou a mística da contemplação meditativa, alcançavam o êxtase, durante o qual seus espíritos emancipavam e comunicavam-se com as almas que já haviam deixado a Terra, as almas dos 'mortos'. No budismo prega-se o bem, não para que haja recompensa futura, mas porque o bem é o fim supremo da natureza.

Do Egito histórico e antigo, sobraram as lições do *Pimander*, o mais autêntico dos livros de Hermes Trimegisto. Certo dia, Hermes teve uma visão reveladora, quando lhe foi mostrada que a vida pululava em todo o espaço infinito, e uma voz de esplendor falou-lhe sobre o grande mistério:

> As almas imperfeitas e más permanecem presas à Terra por múltiplos renascimentos, porém as almas virtuosas sobem, voando para os mundos superiores, onde recobram a visão das coisas divinas. Impregnam-se com a lucidez da consciência esclarecida pela dor, com a força da vontade adquirida pela luta. Tornam-se luminosas, porque possuem o divino em si próprias e irradiam-no em seus atos.

Depois a Grécia, os oráculos de Delfos, os sábios pitagóricos, os hinos órficos, recuperando a sabedoria oriental e racionalizando-a para os tempos futuros. Os ensinamentos de Orfeu para os neófitos eram claros e verdadeiros, aos místicos e iniciados davam o caminho seguro para a imortalidade:

> Vinde gozar, vós que sofrestes; vinde repousar, vós que lutastes. Pelos sofrimentos passados, pelo esforço que empreendeis, havereis de vencer, e, se acreditais nos ensinamentos divinos, já vencestes, porque, depois do longo circuito das existências tenebrosas, saireis, enfim, do círculo doloroso das gerações, e, como uma só alma, vos encontrareis na luz de Dionisos. Amai, porque tudo é amor; amai, porém, a luz e não, as trevas. Durante a vossa viagem tende sempre em mira esse alvo. Quando as almas voltam ao espaço, trazem, como marcas terríveis, todas as faltas da sua vida, estampadas no corpo etéreo... E, para apagá-las, cumpre que voltem à Terra e expiem. Entretanto, os puros, os fortes, vão para o sol de Dionisos.

Na Europa antiga é possível encontrar os cânticos bárdicos, onde a filosofia dos druidas sobre a morte não deixava dúvidas, para eles, dos destinos dos mortos. No início da *Farsália*, Lucano exprimiu-se assim:

> Para nós, as almas não se sepultam nos sombrios reinos do Érebo, mas sim, voam a animar outros corpos em novos mundos. A morte não é senão o termo de uma vida. Felizes esses povos que não se arreceiam no momento supremo da vida; daí o seu heroísmo no meio de sangrentos combates, e o seu desprezo pela morte. (Denis, Léon. *Depois da morte*, p. 58, FEB, Rio de Janeiro, 1978.

Na teologia hebraica, os mundos habitados pelas almas dos mortos eram três: o primeiro ficava embaixo da Terra, pois achavam que o planeta era plano. Esse lugar, em hebreu, era chamado de *sheol*. Com essa mentalidade de que a Terra era uma extensão plana com quatro cantos, sendo os mares uns lagos bem grandes cercados de terra e que o habitat das almas dos mortos, o *sheol*, ficava por baixo, era preciso, também, qualificar as suas regiões para que todos os tipos de alma ali pudessem abrigar-se. Assim, o *sheol* era dividido em três partes: uma região de paz, uma de purgação e uma terceira de dores e sofrimentos, remorsos e ranger de dentes.

O segundo plano situava-se na atmosfera da Terra, entre a crosta e o firmamento, e era povoado de anjos bons e maus, bem como de almas humanas em missão ou penitência. Ali também estavam certos gênios inferiores à alma dos homens.

O terceiro plano era muito acima do firmamento, onde havia diversas moradas, cada qual numa estrela, escaladas em sete céus ou sete mundos, circuncêntricos, cada um mais adiantado e mais sublimado que o outro. Nos mais perfeitos estavam os arcanjos, os serafins e querubins. No sétimo céu, representado pelo sol, estaria Deus, sentado em seu trono.

A *Septuaginta* traduziu *sheol* por *hades*, por influência grega, pois, na teogonia grega, esse lugar denominado *hades* era também uma região inferior, subterrânea, para onde iam as almas dos mortos, que eram distribuídas, também, em diferentes regiões, piores ou melhores. A origem disso está no deus grego Hades, do mundo inferior, filho de Cronos e de Réia, esposo de Perséfone. Seu nome está ligado ao gorro mágico, que lhe conferia invisibilidade. Com o epíteto de Pilartes (o que fecha os portões), esse deus vigiava a entrada de seus domínios para assegurar que ninguém, uma vez dentro de seu reino, conseguisse sair novamente. Seu reino era no interior da Terra, onde havia tesouros escondidos. Daí a idéia de 'inferno' (inferior), uma idéia cristã, tirada da mitologia hebraico-grega.

Veio a *Vulgata*, posteriormente, e traduziu *hades* por *inferno* (inferior, por baixo, local subterrâneo). Assim, o cristianismo herdou essas concepções mitológicas, que, por incrível que pareça, permanecem até hoje. E ainda se espera o dia da ressurreição, quando os vivos e os mortos serão julgados, segundo suas obras.

A luz no final do túnel veio com o espiritismo, o consolador prometido por Jesus, que restaurou a verdade. Ele é, atualmente, a única tradição verdadeiramente legada pelo Cristo, a sua única instituição, a um tempo humana e divina. É o cristianismo redivivo, em todas as suas verdades. Os erros enraizados no cristianismo são de origem humana, mas os próprios espíritos se incumbiram de ditar, aos quatro cantos da Terra, o que é realmente verdade. O que é a ressurreição dos mortos senão a volta deles para comunicarem-se conosco? Não foi isso que aconteceu, inicialmente em Hydesville, no distrito de Arcádia (hoje Newark), no condado de Wayne, no estado de Nova York, no ano de 1848, na casa da família Fox? (Veja o trabalho *Meninas do barulho*).[2]

---

[2] PALHANO JR., Lamartine. *Meninas do barulho, a história real das irmãs Fox*. Lachâtre Jovem, 2013.

Depois, a conversação pública com os 'mortos' espalhou-se por todo o mundo, chamando a atenção dos doutores, cientistas e professores, também de Allan Kardec, que definiu o espiritismo:

> O espiritismo é a nova ciência que vem revelar aos homens, por provas irrecusáveis, a existência e a natureza do mundo espiritual, e suas relações com o mundo corporal. (Allan Kardec, *O evangelho segundo o espiritismo*, cap. I nº 5, FEB, Rio de Janeiro, 1978.)

Urge, agora, depois dessa demonstração que faz com que se vislumbre a idéia da imortalidade em nós, mostrar, ainda, que em todos os tempos os homens conversaram com os chamados 'mortos', e que isso é perfeitamente possível. Depois, então, mostraremos a parte prática, interessante e reproduzível, com bastante segurança, para podermos dizer com Kardec:

> O que faz nascer na mente de muitas pessoas a dúvida sobre a possibilidade das comunicações de além-túmulo é a idéia falsa que têm do estado da alma depois da morte. (*O principiante espírita*, p. 68, nº 23, 1969.)

Posteriormente, nessa mesma obra acima citada, na questão 25, Kardec diz: "As relações entre os mundos visível e invisível podem ser ocultas ou patentes, espontâneas ou provocadas."

Contudo, não se trata de assunto novo para a humanidade. Busquemos as escrituras antigas, o Antigo Testamento, em 1 Samuel 28,7-25:

> Então disse Saul aos seus criados: – Buscai-me uma mulher que tenha o espírito de feiticeira, para que vá a ela e a consulte. E os seus criados lhe disseram: – Eis que em En-Dor há uma mulher que tem o espírito de adivinhar. E Saul se disfarçou e vestiu outros vestidos, e foi ele, e com ele dois homens, e de noite vieram à mulher; e disse: – Peço-lhe que me adivinhes pelo espírito de feiticeira, e me faças subir a quem eu te disser. Então a mulher lhe disse: – Eis aqui tu sabes o que Saul fez, como tem destruído da terra os adivinhos e os encantadores; por que, pois, me armas um laço à minha vida, para

> me fazer matar? Então Saul lhe jurou pelo Senhor, dizendo: – Vive o Senhor, que nenhum mal lhe sobrevirá por isso. A mulher então lhe disse: – A quem lhe farei subir? E disse ele: – Faz-me subir a Samuel. Vendo, pois, a mulher a Samuel, gritou em alta voz; e a mulher falou a Saul, dizendo: – Por que me tens enganado? Pois tu mesmo és Saul. E o Rei lhe disse: – Não temas; porém o que vês? Então a mulher disse a Saul: – Vejo deuses que sobem da terra. E lhe disse: – Como é a sua figura? E disse ela: – Vem subindo um homem ancião, e está envolto numa capa. Entendendo Saul que era Samuel, inclinou-se com o rosto em terra, e se prostrou. Samuel disse a Saul: – Por que me desinquietaste, fazendo-me subir? Então disse Saul: – Muito angustiado estou, porque os filisteus guerreiam contra mim, e Deus se tem desviado de mim, e nem me responde mais, nem pelo ministério dos profetas, nem por sonhos; por isso te chamei a ti, para que me faças saber o que hei de fazer. Então disse Samuel: – Por que, pois, a mim me perguntas, visto que o Senhor te tem desamparado, e se tem feito teu inimigo? Porque o Senhor tem feito para contigo como pela minha boca te disse, e tem rasgado o reino da tua mão, e o tem dado ao teu companheiro Davi. Como tu não deste ouvidos à voz do Senhor, e não executaste o fervor da sua ira contra Amaleque, por isso o Senhor te fez hoje isto. E o senhor entregará também Israel contigo na mão dos filisteus, e amanhã tu e os teus filhos estareis comigo; e o arraial de Israel o Senhor entregará na mão dos filisteus.

Eis aqui um texto bíblico, inquestionável pelos que dizem ser a Bíblia a palavra de Deus, que traduz uma situação de evocação dos mortos, com todos os implementos do assunto. Senão, vejamos:

01 – Saul tem a intenção clara de evocar o espírito Samuel e manifesta essa vontade;

02 – Saul procura saber se há um médium disponível nas redondezas, já que seus médiuns (profetas) não conseguem obter uma resposta do mundo espiritual;

03 – Seus vassalos lhe dizem que há uma pitonisa (uma mulher com espírito de feiticeira ou de adivinho);

04 – Saul se disfarça e vai até ela, ele que perseguia os feiticeiros e adivinhos;

05 – Saul lhe ordena que chame um espírito;

06 – Ela tem receios por causa das perseguições de Saul;

07 – Ele a tranqüiliza;

08 – Ela pergunta a quem deve evocar (chamar, fazer subir da terra, porque pensavam na época que o lugar dos mortos, *sheol*, era sob a terra, embaixo);

09 – Ele evoca o espírito Samuel;

10 – A médium vê os espíritos surgirem e percebe, num lance de clarividência, que é o próprio Saul quem estava ali, solicitando a evocação;

11 – Ele pergunta: – O que vês?;

12 – Ela responde: – Vejo surgir um espírito (deuses);

13 – Como é ele?

14 – Ela descreve Samuel: um ancião envolto numa capa;

15 – Saul reconhece Samuel e começa um diálogo com ele;

16 – O espírito Samuel prediz a morte de Saul.

Como negar essa evocação perfeita, com identificação do espírito, diálogo e tudo? Perfeito exemplo, que muito servirá para colaborar com as nossas argumentações adiante. Mas, podemos buscar outro exemplo, se esse já não bastasse, em Jó 4,13-17:

> Entre pensamentos e visões da noite, quando cai sobre os homens o sono profundo, sobreveio-me o espanto e tremor e todos os meus ossos estremeceram. Então um espírito passou por diante de mim; fez-me arrepiar os cabelos da minha carne. Parou ele, mas não conheci a sua feição; um vulto estava diante dos meus olhos; e, calando-me, ouvi uma voz que dizia: – Seria porventura o homem mais justo do que Deus? Seria porventura o varão mais puro que o seu Criador? Eis que nos seus servos não confia, e nos seus anjos (mensageiros) encontra loucura.

Não há duas explicações para esse texto:

– Jó não estava dormindo, ele viu um espírito que se manifestava espontaneamente;

– a entidade apresentou-se e falou-lhe;

– houve uma comunicação espiritual.

Na própria Bíblia, obra verdadeira e sagrada na opinião de muitos, encontra-se a comunicação dos espíritos. As citações bíblicas que mostram a comunicação dos homens com os espíritos são muitas e não é o caso de as enumerar todas, uma só delas bastaria.

A mediunidade é de todos os tempos e de todos os lugares. O relacionamento entre os dois mundos sempre existiu, de uma forma ou de outra. É só rebuscar os Vedas, os documentos egípcios, os altares de pedra da Gália, os escritos sagrados dos povos. Como descreveu Léon Denis:

> É ao começo o culto dos antepassados, a homenagem prestada aos *manes* dos heróis e aos *lares*, gênios tutelares da família. Erigem-se-lhes altares; dirigem-lhes invocações; depois o culto se estende a todas as almas amadas; ao esposo, ao filho, ao amigo falecido. Segundo Lucano, as sombras dos mortos se misturam com os vivos; deslizam pelas ruas e se introduzem nas habitações; aparecem; falam, na vigília como no sonho, e revelam o futuro. A telepatia, a premonição, a psicografia, as materializações de fantasmas são abundantes por toda a parte e sempre. (Denis , Léon. *No Invisível.* 1ª Parte, "Espiritismo e mediunidade", p. 71, FEB, Rio de Janeiro, 1973.)

Nos primeiros tempos do cristianismo, os 'mortos' comunicavam-se com os 'vivos' e a palavra *pneuma* designava essas inteligências incorpóreas que se manifestavam. Mais tarde, são Jerônimo a traduziu por *spiritus,* reconhecendo que os havia bons e maus. Somente depois da Vulgata é que a palavra *sanctus* foi relacionada com a palavra *spiritus.* Era o início da divinização do espírito. Nesse ponto nos socorremos ainda das anotações de Léon Denis:

> As traduções francesas trazem o *Espírito Santo.* É um contra-senso. Na *Vulgata,* tradução latina do grego, está escrito *Spiritum bonum,* palavra por palavra, *espírito bom.* A *Vulgata* não fala absolutamente do Espírito Santo. O primitivo texto grego ainda é mais frisante, e nem doutro modo poderia ser, pois que o Espírito Santo, como terceira pessoa da Trindade, não foi imaginado senão no fim do século II. (Denis, Léon. *Cristianismo e espiritismo,* Notas Complementares nº 6, p. 277, FEB, Rio de Janeiro.)

É possível compreender tudo isso, pois a expressão *santo* era, no Antigo Testamento, sempre ligada ao espírito *Javé*, e para consubstanciar a *Santíssima Trindade* era preciso divinizar, não só a Jesus Cristo, mas também o espírito. Assim foi, então, ressuscitado da teologia hebraica, o "Santo Espírito", o "Espírito do Senhor" ou "Espírito Javé", visto que santo é o Senhor: "Sê louvado, ó Eterno Senhor que ressuscitas os mortos. Santo és e Santo seja para sempre o teu nome" (*Talmud, prece de louvor*). Assim, pois, a Bíblia está recheada de coisas *santas*, tudo o que é referente a Deus ou dedicado a Ele é *santo*. Os espíritos que atendiam em nome do Cristo passaram a ter uma personificação única: *Espírito Santo*. Daí a trindade: Pai, Filho e Espírito Santo, numa só pessoa. Os espíritos, por deliberação exclusiva e única dos teólogos, foram excluídos da convivência dos cristãos, mas nem por isso deixaram de comunicar-se com os homens.

O Novo Testamento está repleto de narrações que falam da comunicação dos espíritos, a começar por Jesus crucificado, surgindo para as mulheres no túmulo, depois para Pedro, e aos dois discípulos na estrada de Emaús e na casa de Maria Marcos. Isso sem dizer de sua aparição a Paulo de Tarso, o perseguidor dos cristãos. Especificamente, é possível mostrar alguns versículos do Novo Testamento, bem claros nessa questão de comunicação dos mortos com os vivos e não, como manifestação do Espírito Santo:

> E quando chegaram a Mísia, intentavam ir para Bitínia, mas o Espírito de Jesus não lho permitiu. (Atos 16,7)

> E Paulo teve de noite uma visão, em que se apresentou um varão da Macedônia, e lhe rogou: – Passa à Macedônia, e ajuda-nos. (Atos 16,9)

O problema, em verdade, é o seguinte: as igrejas cristãs, como os judeus ortodoxos da época do Antigo e do Novo Testamento, só admitem o profetismo oficial. Claro, assim mantêm a supremacia e não têm concorrentes. Por exemplo, quando Joana d'Arc recebia comunicações dos espíritos são Luiz, são Miguel, santa Catarina e santa Margarida, ela era bruxa e foi queimada por isso. Depois que a igreja foi forçada a reconhecer a santidade de Joana, eram possíveis as manifestações daqueles espíritos, porque ela era uma santa e, como tal, produzia milagres.

Na história de todos os povos existem testemunhos das comunicações dos espíritos. Na Grécia, lembramos os gênios familiares; Sócrates ouvia sempre os conselhos do seu *daimon* particular. Os espíritos sempre se comunicaram, o medo do homem e sua incompetência é que fazem com que se criem barreiras para esse intercâmbio com os seres espirituais.

O espiritismo aí está para resgatar tudo outra vez. *Agora podemos conversar com os nossos entes queridos que já partiram para a vida espiritual.* Que não se jogue fora essa chance, pois um de nós mesmos pode querer isso num momento de saudade. Mas, se queremos realmente que se estabeleça um processo de comunicação mediúnica confiável, devemos favorecer o florescer da mediunidade e cultivar a mediunidade com todo o critério e bom senso possíveis. Léon Denis enunciava outrora, avisando:

> À proporção que o espiritismo se divulga, mais imperiosa se faz a necessidade de se estabelecerem, em regras positivas, condições sérias de estudo e experimentação. É preciso evitar aos adeptos amargas decepções e a todos tornar acessíveis os meios práticos de entrar em relação com o mundo invisível. (*No invisível*, p. 39)

Eis aí a proposta deste trabalho, deste ensaio experimental. Uma tentativa de demonstrar que é possível a evocação dos espíritos com segurança, com auxílio e consolação.

Todo o trabalho está imbuído da seriedade necessária, além de ter sido útil na consolação aos aflitos que perderam seus entes mais queridos, pois nessa etapa de experimentos foram atendidos oitenta e nove solicitações de parentes entristecidos. Desses, foram selecionados os casos mais úteis e explicativos, para exemplo do que se pode conseguir com o emprego de uma metodologia adequada e segura no campo medianímico.

PRIMEIRA PARTE

Metodologia

Evocação dos Espíritos

Este capítulo, como o próprio nome está dizendo, trata de um assunto bastante controvertido no movimento espírita brasileiro, sem que, contudo, haja razão para isso, visto que Allan Kardec teve uma posição doutrinária muito clara a esse respeito. Assim, nos basearemos no capítulo XXV de *O livro dos médiuns.* Aliás, só para início de conversa, gostaríamos de lembrar que *O livro dos médiuns*, de Kardec, além de ser o seguimento de *O livro dos espíritos*, possui um subtítulo: "*ou guia dos médiuns e dos evocadores* (Allan Kardec. *Le livre des médiums ou guide des médiums et des évocateurs*. Paris, 15 de janeiro de 1861). Trabalharemos aqui com a 34ª edição (popular) da FEB, uma tradução de Guillon Ribeiro da 49ª edição francesa.

Inicialmente, faremos um breve estudo sobre os termos *invocação* e *evocação.* Busquemos os significados para que possamos estar bem seguros do que estamos falando e para bom entendimento. Publicamos, recentemente, dois trabalhos que podem nos ajudar agora. Trata-se de *Definições espíritas*,[3] de Allan Kardec, baseado em seu trabalho "*Vocabulaire Spirite*" (Primeira Parte da primeira edição de *O livro dos médiuns*), publicado pela editora Lachâtre, e do *Dicionário de filosofia espírita*,[4] de L. Palhano Jr., publicado pelo CELD.

Invocação. (Do latim: *in* = em, e *vocare* = chamar) Pedido de auxílio; pedir a proteção divina; invocar o nome de Deus.

---

[3] KARDEC, Allan. *Definições espíritas*. Lachâtre, Niterói, 1997.

[4] PALHANO JR., Lamartine. *Dicionário de filosofia espírita*. CELD, Rio de Janeiro, 1997.

Evocação. (Do latim: *vocare*, e *e* ou *ex* = de, a respeito de, fora de) Chamar por meio de invocações, preces e sortilégios.

Estas duas palavras não formam sinônimos perfeitos, embora tenham a mesma raiz, *vocare* (chamar); seria um engano empregar uma pela outra. "Evocação é chamar, fazer vir a si, fazer aparecer nas cerimônias mágicas, de encantamentos. Chamar as almas, os espíritos, as sombras. Os necromantes pretendiam chamar as almas dos mortos" (Acad.). Entre os antigos, evocar era o mesmo que tirar as almas dos infernos para que elas viessem a eles.

Invocar é chamar a si, ou em seu socorro, um poder superior ou incorporal. Invoca-se Deus, pela prece. Na religião católica, invocam-se os santos. Toda prece é uma invocação. A invocação está no pensamento; a evocação é um ato. Na invocação, o ser a quem ela foi endereçada nos escuta; na evocação, depende do lugar onde ele estiver, para que venha a nos manifestar sua presença. A invocação não se dirige senão àqueles seres que se sabe bastante elevados para nos assistirem; evocam-se os espíritos inferiores tanto quanto os espíritos superiores. "Moisés proibiu, sob pena de perder a vida, o povo de evocar a alma dos mortos, prática sacrílega em uso entre os cananeus. O 22º Capítulo do II Livro dos Reis fala da evocação da sombra de Samuel pela pitonisa".

A evocação dos espíritos tem sido utilizada desde os tempos imemoriais entre os egípcios. Diz-se que eles mesmos teriam conseguido esse conhecimento dos indianos. Ela seria, sobretudo, praticada nos mistérios sagrados intramuros dos templos iniciáticos; mas, entre o vulgo, essa prática misturou-se a muitas crenças supersticiosas e ridículas, porque os sacerdotes guardavam para eles próprios a verdadeira ciência. Moisés, que sabia muito bem que seu povo possuía inclinações para a idolatria e queria fazer com que esquecessem o país de onde vinham, proibiu-lhes uma prática na qual havia muitos abusos, causados pela ignorância, como ele lhes havia proibido de praticarem a maior parte das outras crenças usadas no Egito; mas, essa crença da evocação estava muito enraizada para que pudesse ser destruída por uma simples proibição; as leis nada valem contra esses fatos evidenciados; para prevenir os abusos, o melhor é fazer com que toda a verdade seja conhecida por inteiro, colocar a luz sobre o aparador, em lugar de colocá-la sob o alqueire.

A arte das evocações, como já visto, remonta à antigüidade; retornou em todas as épocas e entre todos os povos. Outrora, a evocação era acompanhada de práticas místicas, seja porque acreditavam ser necessário, seja, o que é mais provável, para se dar a aparência de um poder superior. Sabe-se, hoje em dia, que o poder de evocar não é um privilégio, que ele pertence a todo mundo e que todas as cerimônias mágicas e cabalísticas não são mais que um vão aparato. Conforme os antigos, todas as almas evocadas, ou estariam errantes, ou viriam dos infernos que compreendiam, como se sabe, os campos Elísios e o Tártaro; não se vê aqui nenhuma má interpretação. Na linguagem moderna, a significação da palavra *inferno* tem sido restrita à morada dos condenados, e segue-se que a idéia de evocação está ligada, por certas pessoas, à dos espíritos maus ou de demônios; mas essa crença cai, à medida que se adquire um conhecimento mais aprofundado dos fatos; contudo, essa crença não é aceita entre todos aqueles que crêem na realidade das manifestações espíritas; ela não conseguirá prevalecer diante da experiência e de um raciocínio isento de preconceito. Isso está de acordo com a dicionarização desses dois verbetes, tendo *evocar* maior conotação de conjurar. (Aurélio)

Evocar. (Do latim: *evocare*). Chamar por um espírito para que ele se manifeste. Não é preciso haver fórmulas ou textos especiais para isso, basta que se promova a lembrança da entidade e pedir que ela se apresente, por algum dos médiuns. A evocação pode também ser feita apenas pelo pensamento. Não há problema nenhum nessa prática, amplamente utilizada por Allan Kardec. Pela evocação, podem-se saber a opinião do espírito, suas condições *post-mortem* e outras informações. É claro que os evocadores devem estar muito seguros e serem bastante experientes, para não serem ludibriados por médiuns inescrupulosos e espíritos mistificadores. Mas só a prática dá essas qualidades, que devem ser associadas a métodos científicos de investigação, apurada observação com anotações em protocolos adequados e constatação dos resultados.

Evocação. Ação de evocar. Chamar de algum lugar, fazer aparecer por meio de esconjuros ou exorcismos as almas do outro mundo, os espíritos, outrora chamados demônios. Em espiritismo, é chamar os espíritos.

No capítulo XXV de *O livro dos médiuns*, início, sob o item "Considerações Gerais", está escrito o seguinte:

> Os Espíritos podem comunicar-se espontaneamente, ou acudir ao nosso chamado, isto é, vir por evocação.

Está aí evidenciado, pela experiência incontestável de Kardec, que é perfeitamente possível evocar-se um espírito, pois é possível que ele venha atender ao chamado, embora muitos comuniquem-se espontaneamente. Mas as pesquisas de Kardec não permaneceram estáticas, e ele percebeu o seguinte:

> *Pensam algumas pessoas que todos devem abster-se de evocar tal ou tal espírito e ser preferível que se espere aquele que queira comunicar-se.* Fundam-se em que, chamando determinado espírito, não podemos ter a certeza de ser ele quem se apresente, ao passo que aquele que vem espontaneamente, de seu moto próprio, melhor prova a sua identidade, pois que se manifesta assim o desejo que tem de se entreter conosco. (Grifo nosso)

Kardec considera isso um erro, visto que, à nossa volta, há muitos espíritos, alguns de condições inferiores, que querem apenas comunicar-se. Se uma sessão permanecer aberta, sem uma direção da força psíquica ali utilizada, uma coisa é certa, as portas estarão abertas para qualquer deles. Ao contrário, quando se define com quem se quer falar, é como uma ordem diretiva para um objetivo direto. Diz Kardec:

> A chamada direta de determinado espírito constitui um laço entre ele e nós; chamamo-lo pelo nosso desejo e pomos assim uma espécie de barreira aos intrusos.

De qualquer modo, segue Kardec considerando, "as duas maneiras de operar têm suas vantagens e nenhuma desvantagem haveria, senão na exclusão absoluta de uma delas". Sempre deve-se estar senhor da situação, com a força medianímica sob controle, não permitindo que espíritos inferiores tomem as rédeas dos trabalhos. Todo *O livro dos médiuns* trata disso. É bom que se faça dele uma nova leitura. Aliás, é o que estamos tentando fazer aqui, mesmo porque não gostaríamos que os leitores pensassem que estamos inovando. Certo é que em alguns pontos faremos considerações sobre os nossos resultados, mostrando que até avançamos em alguns pontos, mas fica bem claro que nos escudamos sempre na proposta de Allan Kardec. Por exemplo, no nº 270, deste mesmo capítulo citado acima, Kardec ensina:

> Quando se deseja comunicar com *determinado* Espírito, é de toda necessidade evocá-lo.

Aqui não há senões, nem meios termos, a instrução é direta, e Kardec ainda nos recomenda a leitura do nº 203, o que veremos logo a seguir, após terminarmos com a introdução do nº 270:

> Se o Espírito evocado pode vir, a resposta geralmente é: – *Sim*, ou: – *Estou aqui*, ou ainda: – *Que quereis de mim?* Às vezes, entra diretamente em matéria, respondendo de antemão às perguntas que se lhe queria dirigir.

Qual o segredo? Não há mistérios aqui. Se evocamos e temos uma resposta, é justo que caiba a nós discernirmos se é uma resposta sensata e se ela não apresenta nada que desmereça o nome que a assinou.

Voltemos à questão nº 203. Kardec, ali, trata das condições que se têm que obter para que seja possível uma comunicação mediúnica ideal:

> Para que um espírito possa comunicar-se, preciso é que haja entre ele e o médium relações fluídicas, que nem sempre se estabelecem instantaneamente.

É evidente que para uma reunião que apenas conta com médiuns neófitos ou com um ou dois médiuns, fica sempre mais difícil essa condição ideal, mas, isso foi resolvido experimentalmente em nosso laboratório de pesquisas medianímicas do Círculo de Pesquisa Espírita (CIPES), como está explicado no capítulo seguinte, que trata da metodologia.

A evocação não é difícil e nem constitui problema de ordem moral ou de perigo espiritual, quando se sabe o que se está fazendo, com as forças medianímicas sob controle absoluto. O que queremos é deixar bem claro que a metodologia de Allan Kardec, repetida sob nossas condições, é segura. Temos o capítulo que expõe os casos estudados para comprovar isso. Na maior parte das vezes, a impressão que se tem é de que o espírito que é evocado se apresenta logo, como se já estivesse prevenido. Essa questão é tratada no nº 271 (*O livro dos médiuns)*. Kardec descreveu com clareza o que realmente acontece e que pudemos constatar em nossos experimentos. Quando preparamos a nossa sessão, nunca o fazemos, e nem deve ser feito, de improviso. Ela deve ser preparada em todos os seus passos. Nessa preparação, é possível que se estabeleça o tipo de pesquisa que será feito, os casos que serão atendidos, as orientações espirituais a serem obtidas, os estudos a serem efetuados e mesmo os espíritos que serão evoca-

dos. Ora, sabe-se que nossas sessões são presididas espiritualmente por espíritos amigos, instrutores espirituais responsáveis, visto que são sessões sérias, com objetivos superiores. Assim, esses espíritos, mediante os planos estabelecidos, promovem as condições para que esse ou aquele espírito se comunique. Fora isso, é preciso lembrar as forças telepáticas, já previstas por Kardec no nº 282, pergunta 5:

> O que te posso afirmar é que o espírito evocado, por muito afastado que esteja, recebe, por assim dizer, o choque do pensamento como uma espécie de comoção elétrica que lhe chama a atenção para o lado de onde vem o pensamento, como na Terra ouvia a voz.

Ainda no nº 271, Kardec faz uma admoestação muito séria, que não deve ser negligenciada:

> Quando dizemos que se faça a evocação em nome de Deus, queremos que nossa recomendação seja tomada a sério e não, levianamente. Os que nisso vejam o emprego de uma fórmula sem conseqüências farão melhor abstendo-se.

Por que isso? É evidente que, quando fazemos trabalhos envolvendo a energia psíquica, passível de movimentar forças para nós ainda desconhecidas, é bom que se peça a permissão divina, abrindo-se as portas somente para as inteligências superiores, sérias e bondosas, cuja presença nos guardará de intromissões espirituais indesejáveis e enganadoras.

Como é o caso de todas as atividades específicas do homem, a prática das evocações necessita de um certo treino, não somente por parte dos médiuns, mas também dos investigadores. Como os médiuns *flexíveis e positivos* são raros, como explica Kardec, uma das nossas propostas com a utilização da *varredura medianímica* é justamente eliminar essa dificuldade. Com a varredura, ou seja, um vasculhamento psíquico, por vários médiuns, é possível obterem-se informações em diversos níveis psíquicos, que se confirmam mutuamente (Veja "Metodologia").

Esses procedimentos evitam os problemas relacionados por Kardec no final do item nº 273, no último parágrafo, quando lembra que as evocações devem ser feitas na presença dos que as pediram, pois estes estariam aptos a identificarem e a questionarem devidamente o espírito e estariam automaticamente atraindo os seus entes queridos, desencarnados, ao ambiente. Isso é verdade, mas os métodos aqui descritos apresentam recursos que superam essas dificuldades. As pessoas que solicitam notícias de seus entes queridos desencarnados podem ou não estar no ambiente, de qualquer forma, a solicitação já é uma evocação e o protocolo de pesquisa tem todos os dados identificatórios. Os resultados serão enviados aos solicitantes, que devem informar não só sobre a identificação dos caracteres individuais do espírito, mas também das emoções que surgiram a partir da leitura das mensagens e das informações obtidas. Na verdade, são dois tipos de identificação, em que, se o primeiro pode até estar equivocado, o segundo, não. Uma outra coisa importante que acontece: os médiuns percebem quando alguém pede informação só por pedir, sem nenhum sentimento, o que dá ocasião para uma boa orientação sobre o cultivo dos bons sentimentos.

Em seguida, Kardec, começa a estudar sobre os espíritos que podem ser evocados (nº 274). Diz ele, de modo claro e sem subterfúgios:

> Todos os espíritos, qualquer que seja o grau em que se encontrem na escala espiritual, podem ser evocados: assim os bons, como os maus, tanto os que deixaram a vida de pouco, como os que viveram nas épocas mais remotas, os que foram homens ilustres, como os mais obscuros, os nossos parentes e amigos, como os que nos são indiferentes.

Kardec não tinha dúvidas sobre isso, mas lembrou que evocar é uma coisa, o espírito querer ou poder responder é outra, visto que o espírito, qualquer um, como nós, tem vontade própria, uns calmos e tranqüilos, outros temperamentais, como eram na vida terrena. Quanto a poder manifestar-se é outra questão; ele só o fará se houver permissão dos que lhe são superiores. Estes, que sabem mais do que nós da conveniência ou não da manifestação, podem impedi-la ou não. Isso deve ser respeitado. Embora não haja impedimento absoluto quanto às comunicações, existem situações que impedem as manifestações naquele momento em que ela é solicitada: 1 – quando o espírito estiver em uma missão ou muito ocupado; 2 – quando a situação moral em que o espírito se encontra dificultar a comunicação, embora não o impeça totalmente; nestes casos, tanto a condição moral inferior, estando o espírito ainda muito brutalizado, quanto a condição moral superior, quando o espírito está muito afastado das freqüências vibratórias do nosso mundo, são fortes empecilhos a serem superados. Mas, em nossos experimentos, nunca ficamos sem uma resposta dos espíritos a respeito dos evocados; sempre houve alguma notícia.

Depois, Kardec fala das causas estranhas de impedimento das manifestações, lembrando que o ambiente favorável é importante, os médiuns utilizados, bem como os problemas relacionados à própria pessoa que solicita a informação. O circuito integrado entre o espírito que se manifesta e o médium necessita sintonia e esta não é tão fácil assim de se obter, de imediato. A igualdade de condições morais é muito importante nesse caso, somada à facilidade que o médium tenha de transmitir a mensagem. À medida que um espírito vai estabelecendo contatos com os médiuns, mais facilidade vai tendo para se comunicar. Enfim, quanto a essa questão, Kardec resume o seguinte:

> A faculdade de evocar todo e qualquer Espírito não implica para este a obrigação de estar à nossa disposição; que ele pode vir em certa ocasião e outra não, com um médium, ou um evocador que lhe agrade e não com outro; dizer o que quer, sem poder ser constrangido a dizer o que não queira; ir-se quando lhe aprouver; enfim, por causas dependentes ou não da sua vontade, depois de haver se mostrado assíduo durante algum tempo, pode, de repente, deixar de vir. (nº 277)

Finalmente, é possível afirmar que vários médiuns que estão participando do mesmo campo psíquico podem captar a mesma mensagem, e não é raro ouvir um médium dizer: – Eu também percebi a mesma coisa.

Para maiores e detalhadas informações a respeito das evocações, indicamos ao leitor o capítulo XXV de *O livro dos médiuns*, para que se inteire diretamente dos argumentos de Kardec, juntando a eles os resultados aqui obtidos, visto que são perfeitamente reproduzíveis na prática espírita, pois isso foi comprovado, não só no laboratório de pesquisa medianímica do CIPES, mas durante cursos e viagens doutrinárias, em diversas localidades do Brasil.

Metodologia

Como é de conhecimento geral, é possível a comunicação com os 'mortos', cujos espíritos, utilizando-se de diversos recursos medianímicos, manifestam-se aos homens, seja de modo coletivo ou individual. Negar isso é fazer como o avestruz, que diante do perigo enfia a cabeça num buraco, deixando que tudo aconteça à sua revelia, como se ficasse seguro dessa forma. Já está perfeitamente demonstrado, aqui, que espíritos manifestaram-se a religiosos e não-religiosos de todos os tempos. Portanto, a intenção aqui é o estudo de métodos seguros que possam ter uma reprodutibilidade viável, para que se estabeleçam verdadeiras pontes de comunicação entre as dimensões física e espiritual.

• Objetivos

1 – Obtenção de notícias e mensagens medianímicas daqueles nossos entes queridos que já desencarnaram e deixaram para trás saudades, preocupações e as dores da separação, que a morte física deixa numa família. Esse o aspecto consolador que se pretende com este trabalho.

2 – Propor métodos seguros para a evocação dos 'mortos' em nossas sessões espíritas, numa contribuição para os trabalhos mediúnicos ao alcance de todos. Esse o objetivo científico.

• Equipe mediúnica

Formada por médiuns convidados ou treinados pelo laboratório de pesquisa mediúnica do CIPES. Todas essas pessoas que participaram dos trabalhos são ativas na sociedade, em suas profissões, algumas com títulos universitários, todas honestas, trabalhadoras, que colocam suas forças medianímicas em favor do próximo, nas casas espíritas que freqüentam.

• Solicitação de orientação espiritual

As solicitações dos familiares, que queriam notícias de seus entes queridos falecidos, foram feitas em protocolos e submetidas à apreciação dos médiuns disponíveis, seguindo a técnica já estabelecida por nós, descrita abaixo:

• Varredura medianímica

Operação medianímica proposta, que consiste em um vasculhamento psíquico a um determinado alvo ou objetivo: 1 – sondagem: o alvo ou objeto (pessoa, local, situação etc.) é mostrado para médiuns para que eles o vasculhem psiquicamente e recebam instruções medianímicas a respeito do que se pediu; 2 – quatro questões básicas devem ser resolvidas com essa técnica: a) Qual é o problema? b) Qual a causa do problema? c) O que fazer para ajudar? d) Quais as recomendações que podem favorecer a solução do problema?; 3 – Após receberem psiquicamente todas as informações a respeito do que foi solicitado, os médiuns então usam de seus recursos medianímicos para comunicar os resultados de suas percepções; 4 – Uma das maiores vantagens dessa técnica é que o paciente, se for o caso, recebe os recursos psíquicos na hora em que está sendo vasculhado. Depois receberá as instruções amealhadas que lhe sejam úteis. (Veja a obra *Transe e mediunidade*.)[5]

O protocolo de solicitação vem com todas as informações possíveis para que o investigador possa discernir sobre a identidade do espírito que se manifesta ou que é percebido pelos médiuns, visto que estes não recebem nenhuma outra informação, a não ser o nome, sexo, idade com que faleceu e o seu último endereço ou o endereço atual dos parentes. Alguns médiuns não conseguem discernir se a pessoa indicada está ou não desencarnada. Para esses, é-lhes dada a informação de que se trata de pessoa desencarnada. Para minimizar esse problema foram estabelecidos exercícios especiais para que os

[5] PALHANO JR., Lamartine. *Transe e mediunidade*. Lachâtre, Niterói,1998.

médiuns pudessem diferenciar a situação de um desencarnado da de um encarnado. Adiante, estão as explicações a respeito. De posse das informações, o investigador poderá, com os dados coletados antes no protocolo, fazer seu laudo e tirar suas conclusões. Além disso, ele deve procurar anotar a reação de aceitação ou não dos familiares diante das informações.

Duas forças estão em jogo aqui: uma é a força anímica dos médiuns e a outra a mediúnica propriamente dita. A percepção psíquica deve ser valorizada ao máximo. Todos os médiuns podem, antes, durante e depois de receberem uma mensagem, ter percepções esclarecedoras. Quando é o próprio médium quem percebe, é anímico o fenômeno, quando uma situação lhe é mostrada ou recebe influenciações, é mediúnico. Ao conjunto de possibilidades e recursos psíquicos utilizados chamamos medianímicos.

• Protocolo ou Prontuário

NOME:

SEXO:

IDADE COM QUE ESTAVA QUANDO FALECEU:

DATA EM QUE FALECEU:

CAUSA DA MORTE:

SOLICITANTE:

GRAU DE PARENTESCO COM O DESENCARNADO:

ENDEREÇO:

MOTIVO DA SOLICITAÇÃO: (exemplos: saudade, pedido de notícias, preocupação em saber das condições espirituais do desencarnado, pedido de ajuda espiritual etc.)

HISTÓRICO: (como viveu o falecido, os fatos que levaram à sua morte, peculiaridades de sua personalidade.)

ENCAMINHAMENTO: (para quem deve ir a resposta ou quais as providências tomadas.)

OBSERVAÇÕES:

Formulário para solicitação de orientação espiritual (encaminhado aos médiuns)

NOME:

SEXO:

IDADE:

ENDEREÇO:

DESENCARNADO EM ____ / ____/ ____

PERCEPÇÕES E MENSAGENS

OBSERVAÇÕES:

Na varredura medianímica os médiuns devem agir com todas as suas possibilidades anímicas e mediúnicas. Quando lhes é dado um objetivo, devem canalizar as suas mentes e procurar obter todas as informações possíveis, inclusive a ajuda espiritual, perguntando aos amigos, guias e protetores a razão das coisas e as formas de ajudar. Não apenas as percepções devem ser consideradas, mas todas as variedades mediúnicas (canais sensoriais e motores) possíveis devem ser utilizadas, tais como os canais da psicografia, da psicofonia, vidência, intuição etc. No uso dessa técnica sempre está sendo empregado o chamado *transe canalizado*, quando o percipiente ou médium tem suas forças canalizadas ou dirigidas para um objetivo, sem dispersões desnecessárias, sem perda de energias nobres, com aproveitamento máximo dos recursos medianímicos.

Dessa forma, obtêm-se vantagens muito significativas, pois os médiuns não terão receio de estar errando ou sendo mistificados, pois tudo está sob controle e ele será informado, caso as suas percepções estejam ou não sendo úteis, nessa ou naquela condição, quando, então, poderá reconhecer em si mesmo o tipo de influência benfazeja que justifique sua atenção. O acompanhamento protocolar permite ainda descobrir, além de todas as possibilidades medianímicas dos médiuns, qual seria a especialidade de cada um, e ainda mais, como suas forças podem ser melhor aproveitadas. Por exemplo, um médium psicofônico: ele com certeza não é apenas psicofônico; ao receber a influência de uma entidade espiritual que se manifesta, ele tem muitas percepções que precisam ser valorizadas, e não apenas a transmissão verbal.

É evidente que na varredura medianímica os médiuns só devem receber do investigador as informações que possam identificar o paciente, nunca o diagnóstico pronto, pois o objetivo é que eles descubram a natureza íntima dos problemas; não devem ser induzidos para esse ou aquele sintoma. Esse vasculhamento psíquico permite, entre outras coisas, retroceder ao passado (o que realmente aconteceu), perceber o presente (situação atual, se está reencarnado ou não, por exemplo) e avançar no futuro (se o espírito vai reencarnar, por exemplo), dependendo da expansão de consciência dos médiuns. Pode ser empregada a varredura psicométrica, quando se quer descobrir uma pessoa desaparecida (se morreu ou não), e isso não é só teoria. Um outro exemplo é saber dos destinos de um ente querido já falecido. Isso conforta muito as pessoas que sofrem saudades. Quando a informação, nesses casos, é verdadeira, os parentes envolvidos percebem e se sentem reconfortados e consolados. Essa empatia, que acontece quando os parentes recebem as mensagens, constitui elemento pertinente na questão da identificação do espírito. Isso pode ser experimentado como exercício. As percepções dos diversos médiuns envolvidos completam-se e não deixam dúvidas a respeito do assunto pesquisado. (Veja a obra *Transe e mediunidade*)

Os investigadores, de posse das informações medianímicas, elaboram um laudo para os parentes e amigos do falecido. Quando possível, devem obter as impressões causadas neles, justamente para avaliar o grau de empatia estabelecido.

A proposta deste trabalho é, acima de tudo, indicar uma técnica de controle da força psíquica que garanta um certo grau de certeza quanto à evocação dos espíritos. Assim, propomos três maneiras de se chegar ao contato com um determinado espírito sem que lhe cause perturbações e sem que haja receios de o molestar de alguma forma, empregando o método da *varredura medianímica*:

1 – Em determinado momento da reunião mediúnica, segundo a programação preestabelecida, todos os médiuns (no mínimo, três), recebem a folha de papel timbrado com a solicitação de orientação espiritual, contendo os dados do espírito. Os médiuns são avisados que se trata de um espírito desencarnado e que será feita uma prece para ele. Durante essa prece, os médiuns devem permanecer concentrados (recolhidos na prece, mas atentos às percepções e influências espirituais possíveis) para captarem a presença ou condições em que se encontra o espírito. É feita a prece em benefício do espírito, após a qual, cada médium escreverá ou ditará suas percepções. Seja qual for o nível moral em que esteja o espírito, ele receberá essa prece. Se puder, ele mesmo virá ao ambiente da reunião, fazendo-se presente, ditará mensagens e exporá sua condição, enviando notícias, consolando ou pedindo mais preces etc. Esse é o tipo de evocação mais seguro, pois não se está exigindo a presença do espírito, apenas providenciando que ele receba a prece no coração. Caso o espírito não possa estar presente, os guias espirituais dos médiuns e da própria tarefa, que já sabiam de antemão que essa prece seria

realizada, providenciam as informações a respeito do espírito. Assim, não há como ficar sem notícias do espírito, com a vantagem da possibilidade da análise comparativa entre as informações medianímicas, o que facilita a identificação do espírito e a segurança, pela concordância, sobre os dados obtidos.

2 – Quando da distribuição das solicitações de orientação espiritual para os médiuns, inclui-se, entre elas, o nome do espírito do qual foram pedidas notícias. Cada médium, ao ler a solicitação, entrará, de alguma forma, em contato direto ou indiretamente com esse espírito, captando sua presença, sua influência ou as informações sobre ele. Quando os médiuns estão bem-treinados e educados, não é preciso informar a condição de espírito desencarnado, caso contrário, é bom que o médium seja informado. Verificamos que isso não é um empecilho, pois o conjunto das informações dará uma resposta plausível. Invariavelmente, o espírito é percebido pelos médiuns logo no início da reunião, pelos motivos expostos anteriormente no capítulo "Evocação dos Espíritos". Quando o espírito está hospitalizado ou em regiões sombrias, e não é bom que venha ao ambiente, sua condição é percebida, ele recebe as vibrações de ajuda e os guias dão informações sobre ele, como será visto no capítulo dos exemplos conseguidos. Quando o espírito é superior e mesmo um espírito puro, ele nem precisa vir ao ambiente, pois de onde ele está irradia seu pensamento, que é captado como se ele estivesse presente, como explicado por Kardec em *O evangelho segundo o espiritismo*, cap. XXVIII, nº 5:

> Quanto mais [os espíritos] são elevados na hierarquia, maior é o seu poder de irradiação; é assim que possuem o dom da ubiqüidade e podem se achar sobre vários pontos simultaneamente: basta-lhes para isso um raio do seu pensamento.

3 – Quando da necessidade da evocação de uma entidade já conhecida e que todos já sabem de sua superioridade moral, não é preciso muita preocupação, pois, geralmente, esses espíritos são cooperadores de boa vontade. Quando não podem vir eles mesmos, imediatamente solicitam que outra entidade amiga se manifeste e apresente suas razões, procurando ajudar no que for possível. As-

sim, é só enunciar o seu nome e aguardar que os médiuns tenham alguma percepção espiritual. Geralmente não se fazem esperar, pois já sabem de antemão que há pensamentos evocadores que necessitam de sua cooperação. Veja adiante o caso da profª. Edla ("Uma professora amiga").

Não encontramos nenhum inconveniente na evocação dos espíritos por esses métodos. Temos, inclusive, casos de suicidas que foram trazidos, para que recebessem ajuda direta. Aliás, um bom termômetro para a avaliação das tarefas é justamente a possibilidade de atender os grandes desesperados. A nossa capacidade de amar é posta à prova.

• Exercícios de percepção dos desencarnados

Três modalidades foram utilizadas:

1 – Distribuem-se as solicitações de orientação mediúnica para os médiuns e pergunta-se a eles se podem dizer quantos e quais os nomes de desencarnados estão entre as solicitações. Aos que acertam, tudo bem; aos que não acertam, é preciso que se peça a eles para meditarem sobre as vibrações percebidas quando forem estudar os casos de evocação, para que aprendam a diferenciar, por uma característica qualquer, os desencarnados dos encarnados.

2 – Fazem-se protocolos de pesquisa (veja a seguir) com vinte e cinco nomes de pessoas, dez devem ser de desencarnados. A cada reunião, mostram-se cópias desses protocolos aos médiuns. Pede-se a eles que marquem com um X os que estão desencarnados. Até cinco acertos podem ser considerados coincidentes, mais de cinco, não-coincidentes. Esse procedimento deve ser mantido até que se definam bem os médiuns que conseguiram desenvolver-se nessa questão.

Uma das médiuns, certa vez, quando tentamos uma variação e relacionamos apenas nomes de desencarnados, assim que se sentou à mesa, vendo-nos com os protocolos nas mãos, disse, espontaneamente: – Hoje você está com um cemitério nas mãos, não é?

3 – Simplesmente enuncia-se o nome de um espírito, desde que se tenha certeza de que nenhuma inconveniência há e que esse espírito atenderá, de bom grado, ao chamado. É fácil discernir sobre as suas mensagens, visto que seriam sempre palavras amigas e de cooperação.

• Percepção da situação desencarnatória de entidades selecionadas em vinte e cinco alternativas

Médium:__________________________ Data ____ / ____ / ____

I – Marcar com um X aqueles nomes que você percebe que são de uma pessoa desencarnada:

Nº	NOMES	DESENCARNADOS
1	Antônio C. Prado	
2	José P. P. da Silva	X
3	Maria S. Barcelos	X
4	Francisco J. G. Bruno	
5	Joacy P. Gonçalves	X
6	André L. P. Gomes	
7	José C. de Mello	
8	José C. B. Moura	X
9	Evaldo S. Mesquita	
10	Tereza Dias Oliveira	X
11	Teodózio M. de Oliveira	
12	Ricardo I. Henrique	
13	Luiz E. Bueno	
14	Luciana P. de Almeida	
15	Margarida Dias Limeira	X
16	Dilson A. de Oliveira	
17	Walace de O. Campos	
18	Antônio Pereira Dias	X
19	Luís C. Alves	
20	Maria I. Paulo	X
21	Oneci B. Queiroz	
22	Rolando Moreira Tarsis	X
23	Paulo T. Cesário	
24	Esperandio Fausto	X
25	Maria Lúcia Nunes	

Observações:

Os médiuns aos poucos vão conseguindo diferenciar as vibrações psíquicas de quem já está desencarnado. Uma dessas características, por exemplo, é quando o médium sente dificuldade em encontrar a pessoa. Não o sente no mundo. Muitas vezes percebe a aura de uma pessoa encarnada, outras vezes o espírito se aproxima e pergunta o que se quer com ele, e assim por diante. Todas as vezes em que queremos saber uma coisa ou estabelecer um procedimento, é de bom alvitre experimentar, em diversas modalidades, até que se estabeleçam os parâmetros confiáveis para uma resposta coerente e útil.

Observamos que mesmo os médiuns videntes e também os receitistas podem não reconhecer quando o nome exposto é de um encarnado ou de um desencarnado. Certa feita, apresentamos o nome de um paciente desencarnado para uma médium vidente. Ela, de imediato, o percebeu num quarto de hospital, deitado na cama. O paciente levantou-se e a médium percebeu os seus pensamentos e intenções, sem, contudo, saber que ele estava desencarnado. Perguntamos à médium se ela não percebia algo diferente e importante no paciente ou no quarto que pudesse esclarecer mais a situação. Ela, então, percebeu que das paredes do quarto emanava uma certa luz. Foi aí que ela tomou ciência de que o paciente estava no mundo

espiritual. Portanto, mesmo na vidência, deve-se dar valor à percepção criptestésica (sensibilidade ao oculto). Todo contato medianímico primeiro é mental, de mente a mente, de espírito a espírito, de perispírito a perispírito, daí a necessidade de treinamento, a não ser que o médium já apresente percepção própria para essas questões.

SEGUNDA PARTE

Evocando os Espíritos

Introdução

Nesta segunda parte estão catalogadas as comunicações de espíritos obtidas após a evocação de seus nomes. A preocupação maior foi a de obter maior soma de dados identificatórios, capacitando os evocadores, parentes e amigos, a reconhecerem os espíritos que se manifestaram. Os recursos para tal não estão enumerados aqui especificamente, visto que podem ser encontrados em *O livro dos médiuns*, discutidos de modo exaustivo por Allan Kardec. Dentre os casos coletados, expomos alguns para a análise dos leitores, a fim de que possam tirar suas conclusões. A técnica proposta pode ser reproduzida em qualquer grupo mediúnico, senão de imediato, após algum treinamento.

Algumas vezes, quando necessário, citaremos os nomes dos médiuns envolvidos, para maior clareza dos procedimentos, mas, na maioria quase absoluta dos casos, os seus nomes não serão citados, considerando que o trabalho só foi possível de ser realizado pela unicidade e harmonia existente no grupo, conseguindo-se o que Allan Kardec chamou de "um todo coletivo" (*O livro dos médiuns*, cap. XVII nº 207).

Sempre que possível citaremos os nomes dos espíritos evocados, contudo, em alguns casos, por respeito às crenças religiosas da maioria dos familiares desses espíritos, tivemos que adotar um nome fictício ou apenas as iniciais de seus nomes. Essas situações estão devidamente indicadas nas notas de rodapé.

• Prece

Deus,
Pai Amantíssimo:

Eis-nos aqui, unidos em espírito e coração, companheiros do mundo espiritual e os irmãos encarnados, diante da possibilidade de mais um trabalho de pesquisa sobre a imortalidade da alma e a possibilidade de comunicação entre as duas dimensões, a corpórea e a espiritual, mais uma entre tantas tarefas pelas quais estamos responsabilizados.

Unimos os nossos pensamentos e sentimentos nesta oração, na vontade de alcançar-te a luz, de nos identificarmos contigo e conhecermos melhor a tua vontade, e sabermos dos nossos destinos, não só do passado, mas das tarefas e realizações do futuro, quando então, entendendo o teu plano divino, possamos dele participar com mais consciência.

E é neste instante, nesta oportunidade que se faz, que nos preparamos, no sentido mais exato, para dar continuidade à tarefa, antes encetada por amigos precursores e continuadores, que convivem outra vez, nas condições espiritual e material, mas juntos, como antes, desde o passado histórico e distante.

Aprendemos as leis básicas da imortalidade nos redutos dos druidas; a tua paternidade divina, com os hebreus; a pureza de coração, com os cristãos primitivos; e a realidade plena do espírito, nas lides do espiritismo, sob a égide do Espírito de Verdade.

Assim, nessa continuidade de aprendizado em que, do lado espiritual e do lado material, companheiros, determinados a crescerem espiritualmente e contribuírem para os objetivos maiores do espírito humano, estão a postos para atender à tua vontade e participarem, o quanto possível, deste teu plano grandioso que determina a todos que cheguem à convivência no teu regaço sacrossanto.

A tarefa que vislumbramos à nossa frente é o esforço da investigação, que irá propor aos homens as condições justas e necessárias para que o intercâmbio entre os vivos e os 'mortos' se estabeleça de modo mais ágil e viável, reproduzível, seguro, irrefutável, possibilitando que se atenda a um dos mais úteis objetivos da doutrina espírita, que é a possibilidade consoladora de conversarmos com nossos entes queridos que se encontram separados pela matéria densa e pela sutileza vibratória dos altiplanos espirituais.

Desejamos, como tu também desejas, que o homem, reconhecendo-se imortal, prepare-se devidamente para a vida futura, libertando-se sob as luzes do Espírito de Verdade, ascendendo para a vida eterna, contigo.

Oh! Pai Celestial, rogamos tuas bênçãos para esse empreendimento, que mais uma vez possibilitará que as vozes do Céu gritem para os homens:

– Os que chamais 'mortos' vivem.

Léon Denis

Esta prece foi captada por psicofonia intuitiva. de modo espontâneo, quando se proferiu uma prece no momento em que o grupo de investigadores do CIPES dava início à tarefa de elaboração do projeto "Evocação dos Espíritos", com a finalidade de se estabelecer um recurso seguro e confiável para o intercâmbio mediúnico, provocado pela evocação, a começar com base nas instruções de Allan Kardec, destacadas na sua obra *O livro dos médiuns* (ou *Guia dos médiuns e dos evocadores*), mais precisamente no Capítulo XXV 'Das Evocações". Ao iniciar a prece, o médium foi envolvido por suave energia espiritual, proferindo as palavras acima gravadas, transmitindo forte vibração de apoio, certeza e confiança no trabalho a ser realizado. As duas médiuns presentes, Luana Poltronieri de Souza e Júlia Anália de Souza Oliveira, perceberam que a influência provinha do espírito Léon Denis, que ali estava com grande interesse nessa tarefa tão específica. Aliás, dias antes, quando o primeiro esboço do plano começou a ser elaborado, Luana identificou essa presença espiritual, quase não acreditando e se achando muito pequena espiritualmente para presenciar tal entidade, que fora em vida o 'Apóstolo do Espiritismo'. A sua presença na prece inicial dos trabalhos só veio confirmar para todos os presentes que ele realmente estava empenhado nessa tarefa e que os resultados seriam de grande importância, principalmente para os trabalhadores espíritas sérios e compenetrados do serviço a fazer. Com efeito, mediante os resultados, é possível, com a técnica proposta, obterem-se evocações seguras e confiáveis. A reprodutibilidade da proposta fala por si mesma e não há necessidade de maiores justificativas e provas, é só conferir, visto que o método empregado é bem explicado e nada está sob o véu de mistérios indefiníveis.

Uma Professora Amiga

A mensagem mediúnica que segue, dirigida aos membros da Escola Infantil Edla Silveira Sampaio, foi psicografada pela médium J..., na reunião mediúnica experimental do Círculo de Pesquisa Espírita – CIPES – no dia 7 de agosto de 1997. Essa querida entidade, quando evocada pelo dirigente, apresentou-se à visão psicoscópica da médium L..., que, sem a ter conhecido em vida, descreveu-a tal qual era quando foi minha professora primária, que por minha vez confirmei ser ela mesma que estava no ambiente. Logo a seguir, esse querido espírito, segundo a descrição que a médium L... ia fazendo, encaminhou-se para a médium J..., que começou a psicografar:

Aos membros integrantes, diretores, professores e funcionários da Escola Infantil Edla Silveira Sampaio.

Queridos,

Amem os pequeninos, como o mestre Jesus nos ensinou, pois é deles o futuro de nossa pátria. Ensinem a eles o amor, a fraternidade, a esperança e a fé em um futuro mais grandioso, pois assim estaremos contribuindo para que o mundo se torne mais humano.

O Pai Celeste sempre nos enche de bênçãos e nos ilumina, quando nos engajamos na tarefa de amor, que é de todos nós.

Estejamos confiantes, portanto, num amanhã de paz, quando cultivamos o amor nos corações dos pequeninos.

Paz!

Edla

A simplicidade da mensagem foi comparada com outras mensagens dela obtidas por outros médiuns, mostradas pelo marido, e verificou-se o mesmo estilo, o mesmo carinho, a mesma presença amiga. Coelho Sampaio, professor e escritor, membro da Academia Espírito-Santense de Letras, reconheceu sua ex-esposa na mensagem, ficando de tal modo satisfeito que notificou-nos que colocaria a mensagem num quadro, na parede do escritório da escola.

A evocação, nesse caso, foi das mais simples e tranqüilas. Após os atendimentos das solicitações de orientação espiritual, o dirigente pediu aos médiuns a atenção para o nome que iria enunciar. Tratava-se de uma atenção especial a uma escola espírita. Foi, então, dito que, por um momento, houvesse um recolhimento em preces e que se aguardasse a presença desse espírito, e o seu nome foi então enunciado:

D. Edla Silveira Sampaio, em nome de Deus, solicitamos que venhas até nós e nos dê uma mensagem de ânimo e incentivo para os companheiros da escola infantil que tem o seu nome, como tens feito todos os anos pelos médiuns, que, neste ano, não puderam estar à disposição, por motivos de força maior.

Aguardaram-se, então, alguns momentos, na esperança de que alguma informação nos seria dada pelo mundo espiritual. D. Edla não se fez esperar, apresentou-se à percepção das médiuns L... e J..., obtendo-se, desse modo, uma belíssima mensagem psicografada, como explicado inicialmente.

Presença de Pai

Lamartine Moura Palhano, desencarnado devido a um câncer de pulmão, no dia 20 de agosto de 1993, aos setenta anos de idade. Foi projetista da CIA. Vale do Rio Doce, desde 1941, constituiu família, casando-se com Doroty da Silva Palhano, também já falecida. Foram pais de nove filhos, três mulheres e seis homens, sendo que uma das meninas faleceu aos dois anos de idade, um dos rapazes aos quatorze anos e o primogênito aos quarenta e cinco anos. Lamartine era um homem honesto, cuidou da família com uma responsabilidade a toda prova. Seus filhos, todos, os que já faleceram (dois dos irmãos e uma irmã) e os que ainda estão encarnados, estão bem, têm suas profissões e têm-se mostrado úteis à sociedade.

Era espírita, conseguindo, com seu exemplo de seriedade com que tratava as coisas do espírito, transmitir os ensinamentos da doutrina espírita à esposa e aos filhos, que, católicos, se converteram ao espiritismo, recebendo dele os ensinamentos básicos de Allan Kardec.

Tendo saído da casa paterna muito cedo, enfrentou muitas vicissitudes por esse Brasil, conseguindo formar-se sob o amparo de sua avó, Dulcina Gonçalves Palhano, médium e espírita, que o iniciou no espiritismo. Após vencer muitos dos obstáculos que a vida nos proporciona, lutando pela família, para formar os filhos, começou a propagar a doutrina espírita através de palestras, conferências, não só no estado do Espírito Santo, mas também no Rio de Janeiro, sendo convidado por muitas instituições espíritas por sua oratória bonita, comovente e doutrinária.

Escreveu um romance com argumentos espíritas, chamado *Os lírios do Pantanal: imagens de evolução do oeste brasileiro*, publicado pela editora Arte & Cultura. Esse romance é uma história que se passou parte nos pantanais de Mato Grosso e parte em São Paulo.

Eu mesmo, o signatário deste livro, sou um dos filhos de seu Lamartine. Registrei em meu livro, *Diário de um espírita*, uma carta que meu pai me enviou pela médium Sylvia Liz Cardoso. Foi uma mensagem de grande valor comprobatório, visto que, embora fosse ele quem mandava a mensagem, segundo a médium, ela foi assinada por Dulcina. Na hora ninguém entendeu, mas quando me apresentaram a mensagem, entendi perfeitamente: Dulcina era a minha bisavó paterna, médium espírita e que havia instruído o meu pai no espiritismo. Ninguém sabia disso em Vitória, visto que essa questão nunca foi discutida fora da família. Além disso, a mensagem foi iniciada pelo apelido familiar:

Nem,

Meu filho,

Não te curves diante da dor, nem te olvides dos ensinamentos que, ao longo de tua vida, sempre reta, divulgaste pelo bem de teus irmãos e de teu próprio bem.

Ainda não é, meu filho, chegada a hora de te livrares dos elos que te acorrentam a esses sofrimentos, mas estes, meu querido, serão certamente abrandados. Portanto, não desanimes. Da fonte interior que trazes em ti, muito mais há para jorrar, trazendo-te alento e ânimo para continuar. Importante, porém, é que não te entregues, nem penses no fim, pois este bem sabes que não existe. Novos tempos virão para ti, em que poderás retomar tua atividade de divulgador da doutrina espírita.

Embora te sintas muitas vezes abandonado, qual barco à deriva, fica sabendo que nem um só minuto descuidamos de ti. Nossas energias estão direcionadas a ti e, breve, estarás recuperado.

Filho, sabes bem o que significa o sofrimento. Gostaríamos de abrandá-lo ainda mais, porém agimos limitados pelo que há de se cumprir, embora possamos dizer que teus bons propósitos, tua conduta reta, teu amor por tua família e por teus irmãos muito e muito modificaram teu quadro provacional. Por isso, filho, suporta um pouco mais, te pedimos, pois garantimos-te que é breve a tua dor.

Tua companheira, que também muito sofre, com certeza não desanimará e será sempre para ti uma motivação a soerguer-te.

Mais uma vez, filho, mantém tua mente lúcida através da oração, sem deixar que os pensamentos de derrota nela se aninhem. Estamos contigo e com tua família. Queremos ver-te alegre e feliz, e estamos certos de que isso se realizará.

Jesus, a caminho do Calvário, seja sempre tua inspiração e tua força.

Todos nós, teus parentes e amigos que daqui velam por teus passos na Terra, te amamos muito.

Dulcina (?!...)

Quando recebi esta mensagem de meu pai, em 22 de outubro de 1991, estava acometido de um câncer, sob tratamento severo. Hoje, quando preparo este documento, 23 de janeiro de 1997, posso dizer que todas as previsões contidas na mensagem cumpriram-se perfeitamente.

* * *

Quando resolvemos elaborar este projeto sobre a evocação dos espíritos, o nome de seu Lamartine foi colocado na reunião do dia 25 de setembro de 1997, visto que ele havia se apresentado a uma das médiuns, dizendo que gostaria de trabalhar junto ao projeto em questão.

Nenhum dos médiuns presentes à reunião o havia conhecido em vida e, devido à imensa quantidade de serviço espírita que nos toma todo o tempo, nunca houve momentos em que se pudesse parar e fornecer dados pessoais e identificatórios. Assim, o nome Lamartine Moura Palhano foi colocado diante de cada médium para a *varredura medianímica*. Os resultados obtidos foram analisados devidamente.

Quatro médiuns estavam envolvidos e todos eles conseguiram captar informações interessantes, que foram consideradas por, pelo menos, dois outros familiares, posteriormente.

1ª mensagem (psicografia), sobre o espírito evocado

Os condicionamentos estabelecidos por anos de identificação com a vida material sempre representam obstáculo a ser vencido no momento de deixar a experiência no plano físico,[6] *mas a mente que permanece vinculada às determinações*

[6] Essa situação realmente se deu, quando ele pressentiu que ia desencarnar. Tomou todas as providências para estender a vida, como um passarinho que

renovadoras da doutrina espírita consegue vencer as amarras e seguir em frente, renovando-se continuamente. Tal é a história do companheiro aqui lembrado. Permanece ele agora em novas realizações, ampliando seus horizontes, sem se esquecer de irradiar amorosas vibrações aos que ficaram na retaguarda. Busquem os familiares fazer silêncio interior para sentir na intimidade a presença dos pensamentos amorosos que ele para todos irradia.

2ª mensagem (psicoscopia)

Palhano,

Vejo o seu pai com muita paz e ponderação na tarefa que lhe foi dada, depois que desencarnou. Adaptou-se à nova vida. Traz sempre serenidade e fluidos medicamentosos para auxílio de seu tratamento físico, pois ele tem consciência da importância de seu trabalho na divulgação da doutrina espírita e da necessidade de seus resgates espirituais. Ele me diz: "É tão bom saber que as sementes lançadas ao solo têm forças para crescer e gerar frutos." Ele demonstra grande carinho e cuidado para com todos os seus que aqui na Terra ainda se encontram e guarda saudades de muitos amigos. Sua mensagem é de muita força e persistência,

pois sem isso não se consegue realizar praticamente nada. Vejo-o, neste momento, próximo a um lago de águas tranqüilas, com grandes vitórias-régias,[7] *desejando a você muita paz.*

3ª mensagem (psicografia)

Meu filho,[8]

As obras que realizamos, não as temos para nós, elas são o legado que deixamos no mundo. É através delas que nos imortalizamos.

---

passou a vida numa gaiola e de repente viu que a porta estava aberta e não teve coragem de sair.

[7] Lamartine pai sempre esteve ligado às matas, rios e mares do Brasil, esteve nas matas do Espírito Santo, Minas Gerais e Mato Grosso. Percorreu rios em expedições de pesca e cortou os mares com os barcos que ele mesmo construía. Esta mensagem está de acordo com a primeira e com aquela, acima citada, recebida, tempos antes, pela médium Sylvia Cardoso.

[8] A médium quis escrever "meu querido filho", mas o espírito disse: "Não"; ela, então, escreveu: "meu filho". Na verdade ele nunca escreveria aquela expressão e sabia que seu filho não a aceitaria como sendo dele.

Devemos ter em conta que, na tarefa cristã, sempre temos o apoio espiritual necessário para as realizações programadas, grandes ou pequenas. Não devemos duvidar dos amigos que nos assistem, pois isso os entristece.

A obra,[9] *que há muito tempo pretendias realizar e que guardaste, será concluída, quando da vontade de Deus e possibilidade dos homens, dependendo da tua boa vontade. Um abraço paterno.*

Lamartine M. Palhano[10]

(assinatura)

4ª mensagem (psicografia)

Nem,[11]

Meu filho,

Quanta felicidade e satisfação em poder estar a teu lado, principalmente em momentos tão maravilhosos de tarefas espíritas, tão promissoras para alentar os aflitos e sofredores. Muito tenho esperado por este convite, que sabia iria chegar no momento certo. Tua mãe e eu temos acompanhado de muito perto toda a tua movimentação e estamos orgulhosos da tua desenvoltura nas tarefas e com a tua coragem diante das dificuldades que tens passado. Sabemos o quanto têm sido penosas.[12] *Mas estás vencendo, uma a uma, as etapas que lhe foram programadas no mundo espiritual. Filho, queremos te dizer que permaneças firme, luta com todas as tuas forças, não desanimes nunca. Aqui, do lado de cá, estamos velando por ti, sempre. Um abraço apertado e todo o nosso amor do pai e da mãe, que te amam muito.*

Lamartine e Dosa[13]

[9] Visto que L. Palhano Jr. tem programado muitas obras espíritas para publicação, a médium perguntou ao espírito a qual delas ele se referia. Ele, então, disse que era um trabalho sobre Jesus Cristo, que já estava começado e fora arquivado por falta de recursos na época. Confirmado por Palhano Jr., que começa a vislumbrar os recursos esperados, sendo que já havia perdido as esperanças de produzir esse trabalho.

[10] O espírito quis assinar, mostrou sua assinatura à médium, e como ela não é uma psicógrafa mecânica, a assinatura saiu aproximada. Nos últimos tempos de sua vida, seu Lamartine retirou de sua assinatura o nome Moura, preferindo assinar *Lamartine Palhano,* mas quando foi realizada um verificação em seus documentos, verificou-se que ele assinava *Lamartine M. Palhano,* como na mensagem.

[11] Nem – apelido de família de L. Palhano Jr.

[12] Além de outras provações, foi vencida uma neoplasia insidiosa e, seis anos depois, uma cirurgia cardíaca de pontes de safena.

[13] Apelido de Doroty da Silva Palhano, mãe do destinatário.

Sem dúvida, a presença espiritual de seu Lamartine ficou muito bem evidenciada. Casos como esse e outros, aqui discriminados, serviram de parâmetro para a classificação de outros casos, quando, por exemplo, os familiares não davam nenhuma informação, e também para o acompanhamento do nível de percepção dos médiuns e para o desenvolvimento deles, principalmente nos casos de evocação.

Presença de Mãe

Doroty da Silva Palhano, minha mãe, nascida a 20 de março de 1920, católica, religiosa, dedicada 'filha de Maria' em sua paróquia, formou-se normalista na sua cidade natal, Teófilo Otoni, em Minas Gerais, e casou-se com Lamartine Moura Palhano. Teve nove filhos, não podendo, por isso, exercer mais a sua profissão, dedicando-se, então, à vida doméstica, cuidando da administração do lar.

Participou intensamente da formação moral, intelectual e cultural dos filhos, seis homens e três mulheres, sendo que uma faleceu aos dois anos de idade. Entre os filhos encontram-se um advogado, uma odontóloga, uma jornalista e comunicadora, um farmacêutico bioquímico, doutor em ciências biológicas (microbiologista), dois formados em ciências contábeis e um médico. Sempre preocupada com os mais pobres, nunca deixava de ajudar seus subalternos, empregadas domésticas, lavadeiras e o pessoal do campo que a procurava. Quando percebia a pobreza de uma senhora que a servia, e vendo-lhe a gravidez difícil, providenciava enxoval, dava orientações, e nunca deixava que passasse fome, ofertando-lhe alguns quilos de feijão, arroz, farinha e outros gêneros.

Por influência cultural de seu marido, tornou-se espírita em 1963, juntamente com seu terceiro filho Lamartine Jr., que, juntos, instituíram o estudo do evangelho no lar, sob orientação espírita, agregando toda a família. Era de sua vontade participar mais das tarefas espíritas, chegando a ser sócia fundadora de uma casa espírita (Vila Velha – ES), freqüentando e colaborando o quanto pôde, só sendo impedida pelas obrigações familiares, pela dificuldade em transportar-se de Vitória, onde residia, para Vila Velha, e devido à sua saúde agravada pela *diabete mellitus*. Essa doença progressiva a fez padecer por longo tempo, até que se agravou o seu estado e ela fez uma parada cardíaca, vindo a falecer em janeiro de 1987, aos sessenta e sete anos de idade. Foi notório, em seu sepultamento, a presença das mulheres carentes, acompanhadas dos filhos, que foram velar o seu corpo, mostrando profundos sentimentos de pesar.

Um mês após seu falecimento, surgiu-me, à noite, à visão medianímica. No momento em que ia deitar-me para o sono noturno, já com o quarto às escuras, ela surgiu ao meu lado, bela e rejuvenescida, linda, com um sorriso de paz e tranqüilidade, numa visão inesquecível. Quis tocá-la, mas, como uma estrela que ganha o céu, partiu, deixando um rastro luminoso que se perdeu no infinito (Veja *Diário de um espírita*, de Palhano Jr., p. 123).[14]

Posteriormente, quando em minhas tarefas espíritas, tinha vontade de a evocar para que ajudasse espiritualmente, mas esquivava-me, pensando: mamãe sofreu tanto aqui na Terra, nas vicissitudes que a vida proporciona, na criação dos filhos, nas suas doenças, é melhor deixá-la em paz. Mas, quando estive um dia visitando uma amiga, hoje também falecida, a médium Amyres Ester, no estudo do evangelho, em sua casa, no final das meditações e das preces, Amyres me disse: Palhano, sua mãe está presente e manda-lhe um recado. Se entendi bem, ela está dizendo o seguinte:

> *Nem, meu filho, não teime em não me chamar para o trabalho; estarei com você sempre. Os problemas daí do mundo são mínimos diante da vida espiritual. Se tivesse que enfrentá-los para estar com vocês, faria tudo de novo.*

Melhor confirmação que essa impossível. Ela estava presente e o fez saber de modo muito sábio e confirmador. Outros médiuns deram notícias dela, sempre em hora de tarefas junto ao próximo (Veja *Diário de um espírita*, p. 184).

Durante as pesquisas apropriadas para esta obra, foi lembrada a evocação desse espírito, pelo método da varredura medianímica. Seu nome foi colocado na ficha de solicitação de orientação espiri-

[14] PALHANO JR., Lamartine. *Diário de um espírita*. Publicações Lachâtre, Niterói, 1994.

tual, mostrado aos médiuns, sabendo-se, de antemão, que nenhum deles a havia conhecido em vida. Eu mesmo nada havia comentado sobre ela, visto que o grupo formou-se alguns anos após sua desencarnação e nada havia sobre ela que pudesse suscitar comentários. Uma das médiuns percebeu-lhe a presença, e disse:

1ª mensagem (percepção criptestésica)

Sinto a presença de d. Doroty, mas não consigo vê-la, apenas percebê-la. Traz consigo uma energia muito boa, uma alegria enorme, vindo de uma pessoa feliz.

2ª mensagem (psicografia, parecendo que alguém comentava sobre o espírito evocado)

O coração de mãe está sempre preso ao caminho dos filhos, seja onde for. Nas leis universais de amor que Deus promulgou, há sempre o espaço especial para o amor materno. Assim é que, no coração de nossa irmã, há sempre irradiações fartas para o grupo de espíritos que lhe foi dado encaminhar na Terra. E, mesmo agora, que a vida espiritual lhe abre amplas perspectivas de realizações, permanece ela, por amor, nas regiões mais próximas do orbe, de onde acompanha a cada um com desvelo maternal, intercedendo para que as dores se façam sempre mais suaves na jornada terrena. Grande é a recompensa para as almas que sabem viver o amor verdadeiro, por isso a serenidade e a paz são constantes, na experiência de nossa companheira. Jesus possa auxiliar as mães da Terra a buscar a vivência do amor puro, a fim de que a vida se faça nos caminhos traçados por Deus, nosso Pai.

Esta mensagem foi compatível com a percepção acima registrada pela outra médium e descreve exatamente o amor extremado pela família, pelo bem espiritual do marido, pelos filhos, com quem se preocupava a cada passo, a cada problema, tentando resolver os percalços, sempre a bem de todos, esquecida quase sempre de si mesma.

3ª mensagem (psicografia: mensagem de d. Doroty, dirigida a mim, que havia solicitado a evocação, desejando notícias com saudades):

Filho,

Como poderia uma mãe saudosa se dirigir ao filho que ficou em outra morada e que agora o encontra sempre em sonhos ou através da percepção direta? É difícil passar para o papel todo o sentimento que chega ao nosso coração. As palavras são insuficientes, mas quero dizer-lhe, filho, que em nenhum momento perdi de vista você e todos os outros filhos, que sempre me foram tão caros ao coração. Não vou dizer que é fácil estar 'aqui', deste lado da vida, enquanto todos vocês estão 'aí'; é muitas vezes doloroso, mas encontramos muitas compensações. Vendo você tão bem espiritualmente, acompanhando de perto toda a trajetória que tem percorrido, você que sempre foi o 'Nem'[15] da casa, me é extremamente participante e compensador. Que o mestre Jesus possa continuar investindo em seu pupilo – menor eu sei – mas é o meu pupilo maior, e que você, meu filho, continue sempre assim, férreo em sua fé e convicções, e firme em seu caráter. Que Deus o abençoe sempre!

Doroty

O asterisco mostra o meu apelido familiar. Nascido no interior de Minas Gerais, onde nem ainda havia cartório, fiquei seis meses sem nome, tratado de Neném, até que se pôde ir à cidade de Teófilo Otoni e registrar-me, sendo escolhido o nome Júnior (o mais moço,

o menor). Permaneceu o tratamento carinhoso de Neném e depois derivando para apenas Nem. Sendo que só os parentes usam esse tratamento, quando estão em família.

Muitas outras vezes, esse espírito esteve em contato mais direto comigo por outros médiuns ou pelas minhas humildes percepções medianímicas. Logo depois que desencarnou, surgiu-me, certa noite, como foi narrado acima. Algumas vezes, em sonho, que depois foram relatados para os parentes. Eis um deles:

Vi-me dentro de uma casa onde percebi que havia alguém em perigo. Meus pais, desencarnados, estavam presentes. Resolvi procurar pela casa e cheguei ao banheiro, quando vi alguma coisa de errado na banheira, cheia e com uma camada grossa de uma espécie de massa de papel, cobrindo-a. Levantei aquela massa disforme e úmida do lado da cabeceira e estava lá meu irmão caçula, como um defunto. Ele havia morrido de modo misterioso, com um tiro na nuca, impossível de ter sido dado por ele mesmo, mas, pelas evidências, ele havia entrado no aposento, trancando-o por dentro, com intenção de suicidar-se. Ficou o mistério. Como ele havia conseguido dar um tiro em si mesmo naquela posição, com um revólver 38?

[15] Nem, apelido familiar de L. Palhano Jr.

Quando o vi, em espírito, ele assentou-se com o olhar fixo para frente, sem pressentir a minha presença. Meus pais chegaram ao banheiro e, então, entreguei-lhes o filho caçula para que fosse amparado, conduzido para um lugar de tratamento. Percebi bem que mamãe o abraçou e o levou consigo.

* * *

As mensagens foram autênticas, ainda mais que ela me considerava um filho especial, entre todos os outros também especiais para ela, pois sabia da minha dedicação às coisas do espírito e foi comigo que pôde, muitas vezes, trocar idéias sobre Deus, sobre os espíritos e sobre os ensinamentos da doutrina espírita, o que foi de muita valia para todos os de sua casa. Quantas vezes, na cozinha, enquanto ela preparava a refeição, estávamos os dois a confabular sobre os ensinos de Allan Kardec. As descobertas doutrinárias, os fenômenos percebidos, os problemas familiares sendo resolvidos, as presenças espirituais amigas, as definições de serviço ao próximo. Havia algo mais do que laços consangüíneos entre nós, havia uma simpatia de interesses espirituais, inclusive, sobre os rumos que o espiritismo estava tomando, nas mãos de companheiros quase que fanatizados ou igrejificados... Preocupações verdadeiras.

Quanto à expressão "que o mestre Jesus possa continuar investindo em seu pupilo – menor eu sei", tem uma ou duas verdades. Desde a mocidade, preocupava-me em propagar o evangelho, à luz do espiritismo, o mais puramente possível, para as crianças, para os jovens e para os adultos. Aprendi sobre Jesus com ela, que ensinou-me a orar ao mestre, desde criancinha. Suas preces começavam assim: "Ó Jesus, tu que és manso e humilde de coração..." com os ensinos de Allan Kardec, e depois estudando as epístolas paulinas, onde o grande apóstolo dos gentios diz sempre: "A mim, o mínimo de todos os santos..." (Efésios 3,8) ou "Porque eu sou o menor dos apóstolos..." (1Cor 15,9), e ainda, grande admirador de José de Anchieta, espírito que o tem inspirado muito em suas tarefas espíritas, verificou que o jesuíta assinava em suas cartas: "O Mínimo da Companhia de Jesus". Tenho assinado minhas cartas e dedicatórias de meus livros assim: "... do seu irmão menor em Cristo Jesus." E tenho dito sempre: "Sou espírita, mas o menor de todos." Tento imitar os mestres da humildade, para ver se consigo convencer-me de que a humildade é o melhor caminho para combater em mim mesmo qualquer desejo de supremacia e de poder sobre os outros. Daí, mamãe escrever-me: *menor eu sei* – porque eu pensaria logo: "Pupilo do mestre Jesus sim, mas o menor deles". Depois, a bem dizer, a presença dos bons espíritos, nas tarefas encetadas, dando toda assistência, é de uma evidência a toda prova, seja nas terras do estado do Espírito Santo ou em outras plagas do Brasil.

Na reunião em que foi pedida notícia de d. Doroty, um fato inusitado se deu, na presença dos sr. Waldemar João Vieira, aposentado, das sras. dra. Júlia Anália de Souza Oliveira, médica, dra. Maria do Carmo Salvador, médica e d. Genny Soares Machado Vieira, esposa de seu Waldemar. Após o atendimento aos necessitados que pediram orientação espiritual, fez-se um breve lanche, e depois houve um momento de ectoplasmia em benefício de quatro enfermos, uma criança ausente e três presentes. Após as preces pelo enfermos, senti que o meu copo com água, que havia colocado sobre a mesa para fluidificar, estava perfumado com indefinível perfume, e que o gosto da água estava alterado. Mostrei a todos o belíssimo fenômeno que ocorria. Em seguida, o perfume foi aumentando e verifiquei que minha mão direita estava perfumada e todos puderam verificar isso por bastante tempo. Não havia escuridão, apenas a lâmpada acima da mesa estava apagada, o recinto estava iluminado por uma segunda lâmpada fluorescente. A médium J... percebeu que na reunião havia a presença de muitos espíritos femininos, que providenciavam os atendimentos aos enfermos. Entendeu-se, prontamente, que eram convidadas de d. Doroty. Importante documentar que J... ainda percebeu o espírito José de Anchieta, trajado como jesuíta que foi na Terra, ao meu lado. Tratei logo de informar que d. Doroty era devota do beato antes de se tornar espírita. Será necessário dizer mais alguma coisa?

O testemunho cristão deste caso é belíssimo. E convidamos os médiuns que lerem estes relatos, para que procurem perceber sua veracidade. Participarão conosco da felicidade vivida naqueles instantes e poderão atestar a verdade de tudo o que foi aqui relatado.

Edivaldo Esteves

Nosso amigo, seu Edivaldo, era pai de família cuidadoso, funcionário público federal aposentado. Sofria de *aterosclerose* e faleceu aos sessenta e seis anos de idade, por insuficiência cardíaca. Possuía algum conhecimento espírita, mas não era conhecido de nenhuma pessoa do grupo de pesquisa do CIPES, a não ser da própria nora, médium que presta ainda seus serviços na tarefa de *varredura medianímica*, e que, vendo a chance de saber notícias de seu sogro, solicitou que fosse evocado. Faz agora treze anos que seu Edivaldo desencarnou (17 de julho de 1984).

Seu filho, Murilo Esteves, e sua nora, Rose, sentiram muita necessidade de saber notícias dele. Talvez, ao obterem alguma resposta do mundo espiritual, acalmassem aquela saudade, que sempre fazia brotar lembranças de seu Edivaldo.

O nome dele foi colocado nos papéis timbrados das solicitações, e estes foram passados aos médiuns. Algumas mensagens foram obtidas, trazendo muita consolação e alegria para os familiares. A partir de então, o espírito Edivaldo tem participado quase sempre nos momentos de estudo do evangelho no lar, na residência de Murilo e Rose. Ela, como médium que é, o tem percebido, desde então.

1ª mensagem (psicoscopia)

Percebi o momento da desencarnação desse senhor. Ele foi imediatamente recolhido e conduzido a uma unidade de tratamento intensivo (UTI espiritual), em região da espiritualidade próxima daqui. Ele é alto, moreno e magro. Parte de seu tórax e abdômen foi enfaixada e, logo em seguida, foi adormecido. Sua aparência era calma e relaxada. Teve muito boa assistência por parte dos amigos espirituais. Destacava-se, ao seu lado, uma mulher (espírito) que lhe prestava especial assistência. Ela parecia que lhe era muito familiar. Foi uma fase de recuperação e tratamento, devido às fortes impressões que o corpo lhe deixou sobre o seu espírito, magoando de alguma forma o seu corpo espiritual. Agora ele parece estar muito bem.

Uma observação importante aqui foi a descrição do tipo físico do seu Edivaldo pela médium D..., pois, sem o ter conhecido, o descreveu de tal forma que pôde ser reconhecido por seus familiares. A psicoscopia medianímica, neste caso, pôde ver no passado (treze anos) os acontecimentos sobre o atendimento espiritual que seu Edivaldo recebeu, assim que desembaraçou-se do invólucro corpóreo.

2ª mensagem (psicografia sobre o espírito)

Tranqüilidade e paz interior é a meta de todos nós no caminho do desenvolvimento espiritual. No entanto, para a maioria de nós, esse caminho é longo e tortuoso, muitas vezes cheio de percalços que nos dificultam a caminhada, porém, a distância que nos separa do destino que devemos alcançar é relativa ao nosso estado de amadurecimento intelecto-moral.

Com certeza, alcançaremos nossa meta mais dia menos dia, e, enquanto isso, teremos que viver e reviver nesta escola de aprimoramento espiritual, que é a Terra.

Procurando manter-se dentro do programa traçado para ele próprio, o nosso amigo estimado, Edivaldo, tem se esforçado muito para se adaptar às informações de grande valor que tem recebido de seus mentores espirituais, para uma melhor preparação, com vistas à nova etapa reencarnatória que deverá enfrentar futuramente.

No momento atual, encontra-se em estágio de educação espiritual propriamente dita, numa instituição destinada à formação espírita, onde a individualidade aprende os valores do conhecimento espírita e a vantagem de tê-los, quando encarnado.

Está bem mais adaptado à sua nova 'morada' e manda aos seus queridos familiares, que ficaram na Terra, muitos abraços e carinhos saudosos. Retribui as lembranças carinhosas de todos. Pede que se lembrem dele nos momentos de preces, quando os laços espirituais podem estar bem mais estreitos e harmoniosos.

Esta segunda mensagem, psicografada, descreve a principal atividade e preocupação do espírito e ainda informa sobre o seu futuro próximo: uma nova reencarnação. Nessa última, embora fosse espírita, não era propriamente um militante das lides espíritas, mas agora parece que ele gostaria de mudar isso, assumindo tarefas futuras na seara espírita, visto que se preocupa em aprender e assimilar os ensinos espíritas.

3ª mensagem (psicografia obtida por sua nora Rose)

Venho acompanhado por dois amigos queridos, neste instante, que, com todo amor e carinho, vieram ajudar-me a deixar este pequeno, porém tão amoroso e importante bilhete.

O orgulho e a vaidade do homem podem causar a ele grandes dores, por isso tenho aprendido que a vontade do Senhor é o mais importante, principalmente quando na Terra somos pai e chefe de família.

Com a visão bloqueada por essas imperfeições, achamos ser os donos da verdade. Tenho aprendido que apenas a responsabilidade e o amor para com nossos familiares é que são importantes, pois são os resultados dessas atividades que nos trazem a tranqüilidade e o aproveitamento da nossa estadia na Terra.

Aprender a amar sem apego demasiado, sem o sentido de posse, é importante, visto que é aí que também aprendemos a nos libertar, quando chega o momento final da existência terrestre. Aceitar a reaproximação com os amigos e parentes que nos antecederam no túmulo. Depois, ainda é necessário aprender também a velar com sabedoria por aqueles amados que deixamos nas experiências do mundo.

Assim é a vida do espírito, um ciclo constante de idas e vindas, separações e aproximações. Aquele que deixa laços afetivos na Terra, aos quais ainda pode estar ligado pela amizade plena, consegue uma felicidade muito conveniente, pois formam-se contatos afetuosos que complementam o bem-estar espiritual.

Em nosso caso familiar, como em muitos outros, todos estamos, afinal de contas, juntos há muitos séculos. Há um verdadeiro sentimento de amor e amizade que nos une há muito tempo.

Desejo lembrar-lhes da necessidade de mais atenção, vigilância e tolerância em nossos lares, já que temos de resgatar nossas dívidas com os sofrimentos humanos comuns à humanidade. Bastam eles, não há necessidade de criarmos mais obstáculos à paz tão almejada.

Que possam a paciência e o amor estar caminhando lado a lado com todos vocês, e a meu filho querido, que o peso do seu coração seja aliviado, uma vez que aprenda o caminho de paz e amor do Cristo.

Despeço-me com todo o meu amor, feliz em poder dizer a vocês quão feliz estou em saber que a vida é imortal e que para tudo há sempre um remédio adequado, que nos alivia dos nossos sofrimentos.

Edivaldo

A felicidade demonstrada por seu filho Murilo, quando soube que se pretendia usar estas mensagens nesta obra, com a finalidade de ensino e consolação, diz por si mesma da aceitação delas e da identificação vibratória do seu Edivaldo. Esse espírito, desde então, tem-se mostrado à Rose, sua nora, nos momentos de reflexões sobre o evangelho em família. Na verdade, o que parece, é que ele se tornou um espírito familiar, guardião dos que ama, fortalecendo mais e mais os laços de família, dantes já tão estreitados.

Um Companheiro de Peso

Mário Alberto Pereira de Castro Jr., um dos nossos dignos confrades, amigo verdadeiro, desencarnou no dia 19 de julho de 1993. Foi incansável companheiro nas lides espíritas do estado do Espírito Santo.

Por vinte anos, foi um dos mais dedicados cooperadores de importante centro espírita da Grande Vitória, no Espírito Santo, exercendo, com esmero, várias funções, atendendo a diversas tarefas assistenciais e editoriais, que sempre alcançavam êxito, devido, é claro, à sua competência e dedicação.

Em 1991, atendendo ao convite de alguns companheiros, participou da criação da Fundação Espírito-Santense de Pesquisa Espírita, empenhando-se logo em providenciar o patrimônio necessário ao funcionamento da nova instituição.

Foi um vencedor! Venceu os percalços e as vicissitudes deste mundo, sendo um homem de bem, honesto, caridoso, bom esposo, bom pai e bom amigo, dentro de suas limitações humanas. Perseverou na fé espírita até o fim, enfrentando a 'morte' com galhardia. Na última crise, no último momento, ainda disse: – Desta vez eu não escapo!...

Foi um batalhador do espiritismo no estado do Espírito Santo. Não media esforços para divulgar a doutrina espírita. Viajou por todo o estado e foi até mesmo a outros estados próximos, para levar o livro espírita, o qual apoiava, com produções e orientação técnica.

Casado com d. Amira Mattar Pereira de Castro, pai de Robson, Gléssia e Janine, deixou-nos aos sessenta e três anos de idade, depois de uma grave crise de insuficiência cárdio-respiratória.

Sabendo que seu marido, do mundo espiritual, tem participado ativamente no auxílio às tarefas espíritas desenvolvidas aqui, muitas delas começadas por ele mesmo, d. Amira, integrante do CIPES, não se fez de rogada: diante do projeto "Evocação dos Espíritos", solicitou notícias do Mário na reunião de pesquisa medianímica do dia 16 de outubro de 1997. Estavam presentes médiuns que o haviam conhecido e alguns que não o conheciam, nem de fotografia:

Eu, Amira Mattar Pereira de Castro, solicito notícias do meu saudoso esposo. Peço a Deus que sua presença entre nós seja permitida, para que ele possa colaborar com nossa tarefa de pesquisa, supervisionada pelo nosso companheiro Lamartine Palhano Júnior. Que ele possa, sem empecilhos emocionais ou ocasionais, comunicar-se, fazendo-se patente diante de mim, aqui presente, o seu pensamento, identificando-se.
Amira

No momento adequado, cada médium, a seu tempo, foi obten-

do percepções suficientes para transmitir o pensamento do espírito Mário Alberto:

1ª mensagem (psicoscopia)

Está presente nesta reunião o sr. Mário. Mostra-se feliz, uma vez que pode participar, junto ao amigo Palhano, da elaboração de mais um refrigério para consolar tantas pessoas. Diz ele: – Esse livro vai ajudar a enxugar muitas lágrimas e trazer a fé e confiança na espiritualidade maior, que age em nome de Deus. Mostrará que ninguém está só. Ele está muito feliz e lembra quando o amigo Palhano falava de seus sonhos e vontade de escrever sobre as verdades do espiritismo: – Vejo que está realizando todos os seus sonhos, embora viva dizendo que não tem recursos e lhe faltem condições. Deseja a todos muita paz, confiança e vibrações de amor. Para seus familiares: saudades.

2ª mensagem (clariaudição)

Estou realmente muito agradecido ao Pai pela oportunidade de poder passar mais um recado, desejando a todos a paz e forças renovadas para os trabalhos da tarefa espírita. Com grande alegria, coloco-me à disposição dos companheiros para colaborar no que me for possível.

3ª mensagem (psicografia), dirigida ao dirigente dos trabalhos

Caro amigo,

Como aprendemos do lado de cá, observando os daí!

É uma bênção de Deus esta oportunidade de servir e aprender ao mesmo tempo.

Estou muito contente em participar desse trabalho, quando percebemos o empenho dos que estão aqui e aí.

A emoção, às vezes, nos impede de ter clareza de pensamento, só depois é que verificamos que poderíamos ter aproveitado melhor a oportunidade do momento tão esperado.

O que quero dizer, na verdade, é que também estou muito empenhado nesse trabalho, que, esteja certo, ajudará a esclarecer muita gente, a enxugar muitas lágrimas, acalmar corações entristecidos pela saudade, transmitindo a certeza da imortalidade da alma.

Um grande abraço a todos e um beijo especial à minha querida Amira, aqui presente.

Mário

Note-se que foi o mesmo pensamento captado na primeira mensagem, também na segunda. A sua disposição para o trabalho sempre foi assim, principalmente quando lhe era pedida a colaboração para a edição de um livro espírita.

4ª mensagem (psicografia), dirigida também ao dirigente, agora por uma médium que o havia conhecido

Caro Palhano,

Sempre alerta e para a frente, na paz do Cristo! É com grande satisfação que vejo a 'nossa' tarefa, caminhando a passos largos. Não é porque fui o primeiro a voltar ao mundo espiritual (pole position), que deixei de lado as tarefas que abraçamos juntos. Não, caro colega, estamos juntos nesta jornada. Vejo que continua a se queixar das dificuldades financeiras, como antes, mas os livros saem a todo vapor. Imagine se tivesse os recursos que reclama, como não seria então essa produção, hein!? Ah! Como é bom ver o trabalho da divulgação do espiritismo, pelo livro, crescendo, e como é bom participar dele. Obrigado por esta oportunidade, oh, Pai amado! Estou 'colado' em vocês, não se esqueçam disso. No que puder ajudar, podem contar comigo, estarei firme. Até mais ver,

Mário

É preciso explicar alguns pontos. Quando da instalação da nossa instituição espírita, o Mário só aceitou ser um dos conselheiros depois que soube que um dos objetivos era o livro espírita. Participou da edição de vários deles, sendo o primeiro o *Maria de Nazaré na voz dos poetas*, depois dos outros, inclusive os infantis. A expressão pole position foi por causa de uma situação incrivelmente interessante que se deu naquela ocasião: ele e eu estávamos doentes, ele com problemas cardíacos, eu com uma neoplasia (curei-me depois); não se sabia quem morreria primeiro e trocávamos idéias pelo telefone, mas, à medida que um de nós se achava em pior estado que o outro, dizia: Hoje quem está na *pole position* sou eu. Isso nasceu foi porque, num dia em que o Airton Senna havia ganho a *pole position*, um deles, numa conversa telefônica, perguntou:

– Como está hoje, melhor?

O outro respondeu espirituosamente:

– Que nada, estou é na *pole position*, vou partir primeiro que você.

5ª mensagem (psicografia), agora mais solene, obtida no final da reunião

Prezados amigos,

Companheiro Palhano,

Minha querida Amira:

Jesus está conosco!

Quando me aproximo assim de vocês e sinto o impacto dos fluidos materiais, meu coração se aperta demais, saudades do tempo em que, juntos, enfrentamos tantas batalhas. O tempo é curto para dizer tudo o que me vem agora à mente. Não há como colocar em dia os assuntos ocorridos desde que deixei o cenário do mundo, mas reservarei as melhores notícias para uma próxima oportunidade, com certeza. Não duvidem da ajuda constante dos nossos irmãos maiores. Sei que não é fácil visualizar a presença deles no nevoeiro da matéria, ainda mais quando se atravessa os sofrimentos tão necessários ainda a cada um. Estou junto também.

A obra espírita foi meu ideal e tem sido ainda uma grande motivadora da minha ação espiritual. Aos familiares, meu grande abraço. À companheira querida, meu profundo afeto, e a você, Palhano, companheirão, fique firme, Jesus o acompanha. Paz!

Mário

Este é o Mário, o companheiro que dava o apoio na retaguarda das nossas tarefas de pesquisa e divulgação do espiritismo. Ele foi um dos baluartes que possibilitaram a edição de diversos livros espíritas publicados, os cursos, as viagens, e os eventos de divulgação da doutrina. Eis aqui, então, mais uma homenagem que se presta a esse companheiro, que tem estado no trabalho cristão, agora como espírito amigo, que, em nome do Cristo, volta e nos ajuda. Foi um 'companheiro de peso' nos dois sentidos, ele era alto e gordo, também dedicado, fraterno e confrade devotado. Diante da sua presença espiritual junto aos tarefeiros que ficaram, questionamos a morte, como fez o apóstolo Paulo: "Tragada foi a morte na vitória. Onde está, ó morte, o teu aguilhão?" (1Cor 15,54-55).

Uma Médium Dedicada

Amyres De Maria Pinto Ester, dedicada colaboradora das lides espíritas, nasceu em Areias, na Paraíba, no dia 28 de março de 1938, digníssima esposa do sr. Dietar Ester e mãe de Cristina e Simone. Faleceu no dia 2 de janeiro de 1994, após uma vida dedicada à família, ao próximo e às atividades mediúnicas, segundo os ditames legítimos da doutrina espírita.

Afeita à fraternidade, nunca se negou a ajudar alguém, a quem quer que fosse, quando conclamada ao serviço da caridade, seja material ou espiritual. Conviveu com a comunidade espírita do estado do Espírito Santo, sempre colaborando com sua presença amiga e prestativa. Perdeu-se a conta de quantos ela ajudou, fossem doentes da alma ou do corpo. Foi uma médium que colocou seus potenciais psíquicos a serviço do próximo, personificou a mediunidade útil na psicofonia, na vidência ou nos serviços do passe.

Em seu anonimato, que tornamos público nesta e em outra oportunidade, trabalhou em nome do Cristo, à luz do espiritismo cristão, praticamente todos os dias de sua vida de espírita. Ela partiu deste mundo, mas não foi para nenhum céu contemplativo, permanece em atividades espirituais, em tarefas específicas de acolher outros que saem da Terra, pelos caminhos da morte do corpo.

Quando Amyres, doente, já demonstrava sintomas de cansaço físico, e seu quadro clínico não melhorava, durante uma prece feita em seu benefício, no dia 5 de outubro de 1993, uma das médiuns presentes viu ao lado dela um espírito bondoso de uma senhora que lhe prestava muito carinho, mostrou uma rosa vermelha sem espinhos e colocou-a em Amyres, no lado do coração. Havia um perfume suave.

Outra médium, tomou do lápis e começou a psicografar uma mensagem destinada a Amyres:

Querida amiga,

Aqui quem fala é uma irmã do coração. És tão querida e cara para nós como para os teus aí da Terra, no entanto, sabes que o momento de reunião com os que te esperam aqui não tarda.

Tens recebido todo o auxílio do mundo espiritual, que a tem como uma grande colaboradora do Cristo. Muito ajudaste, muito deste de ti para o próximo, e agora receberás o amparo e o conforto de que necessitas para este momento difícil da doença do corpo.

Tens, em nosso meio, incontáveis amigos que já se colocaram de coração aberto, à disposição dos maiores da espiritualidade, para providências e realizações mais imediatas, que necessitam serem feitas.

Aguarda com fé e esperança um futuro maior na paz que o mestre Jesus prometeu ao trabalhador perseverante e de boa vontade.

Estamos contigo, em todos os momentos de preces, quando elevas o pensamento ao Criador e quando pedes o necessário alento.

Tenhas coragem e verás crescerem as forças justas dentro de tua alma.

Fica em paz!

Maria Dolores

Foi uma profecia de que a doença de Amyres, que na época suspeitava-se de uma tuberculose, evoluiria para sua morte. Esta mensagem, por um cuidado todo especial por parte do dirigente, não foi enviada para a paciente por razões óbvias, de não causar-lhe desânimo nem pânico aos familiares. No dia de seu sepultamento, seu corpo ainda estava sendo velado, quando surgiu, para alguns médiuns videntes, rejuvenescida, linda, num vestido quase branco, com flores nas mãos, e disse que tinha sido o Mário Alberto P. de Castro, falecido antes dela, que as havia trazido para ela.

No dia 16 de outubro de 1997, na reunião mediúnica do CIPES, foi anunciado que Amyres seria evocada, para que também, como antiga colaboradora das tarefas espíritas, pudesse participar do projeto que culminaria com esta obra. O seu nome foi colocado na frente de todos os médiuns, para que aguardassem a sua presença no ambiente. Amyres já estava à espera desse momento e os médiuns, um a um, foram escrevendo suas percepções, sem saber um o que escreviam os outros:

1ª mensagem (psicoscopia)

A companheira Amyres, abnegada trabalhadora, está muito feliz em poder contribuir com esse livro. Ela diz que atualmente está trabalhando no resgate de espíritos que chegam da crosta terrestre. Deseja sucesso para esse novo livro. Envia abraços para todos e muita vibração de amor. Sinto o seu perfume suave. Ela ainda diz que usa muito os recursos desta reunião em sua tarefa de ajuda aos desencarnados recentes e que outras equipes também fazem o mesmo.

2ª mensagem (psicoscopia)

Amyres está deslumbrante, apresenta-se com muita alegria no coração por poder nos visitar, pois sabe que entre nós existe um sentimento fraterno que a envolve e a ajuda em sua tarefa de esclarecimento aos menos esclarecidos do mundo espiritual. Que possamos colaborar mais com nossas preces para o seu fortalecimento espiritual, cada vez mais. Hoje ela deseja falar-nos e tentará por meio da mediunidade oportuna.

3ª mensagem (psicografia)

Muitas bênçãos de luz aguardam aqueles que souberam, durante a vida terrena, mobilizar energias em favor do próximo. Bem asseverou Jesus que o obreiro do bem receberá o cêntuplo do que tiver dado na ação caridosa. Quando nos aproximamos das luzes do Consolador, trazemos nossos corações feridos, mas as chagas milagrosamente se fecham ao contato das mensagens consoladoras. Podemos, então, respirar aliviados e olhar em torno, para também distribuir as bênçãos que nos renovam. Queridos amigos, não esmoreçam. Bem sei que o fardo é pesado. Creiam, contudo, que muitas mãos invisíveis os auxiliam e a paz de espírito é o prêmio maior que os aguarda. Um grande e carinhoso abraço da amiga

Amyres

4ª mensagem (psicografia), também dirigida a todos os presentes

Queridos amigos,

O carinho e a emoção que sentimos quando podemos nos encontrar de novo é difícil de se traduzir em palavras. Só o sentimento de cada um é capaz de captar e entender. A alegria ainda é maior quando o Pai, em sua misericórdia e amor infinitos, permite que trabalhemos juntos novamente. Sim, pois estarei com vocês, vendo esta obra (este livro) germinar como uma tenra planta, que crescerá e produzirá frutos. Um abraço muito carinhoso.

Amyres

5ª mensagem (psicografia), dirigida à médium Júlia Anália, que trabalhou junto com Amyres, em muitas tarefas de passes, em doentes diversos

Querida amiga,

Sinto-me honrada com a lembrança do grupo, e muito feliz de poder estar participando de tão grandiosa tarefa em que tantas pessoas poderão ser beneficiadas com o alívio, o conforto e as energias vibratórias dos amigos que se encontram no mundo espiritual. É maravilhoso o intercâmbio entre esses dois mundos! É dignificante a tarefa de ajuda aos necessitados de toda parte! É muito importante a consciência de todos voltada para estas questões que deverão fazer parte do cotidiano, no futuro. Abraçando esta causa de coração, foi o que me fez superar rapidamente as dificuldades que encontrei de readaptação no mundo espiritual. Hoje posso dizer que gozo de certa felicidade, participando de tarefas de auxílio aos recém-chegados da Terra. Ainda sofro com as saudades que fustigam o coração daqueles tão amados que deixei aí. Mas, sempre que posso e que me é permitido, como agora, venho matar as saudades. Querida Júlia, deixo aqui, nestas linhas, todas as vibrações amorosas que meu coração pode emitir para você e para todos aí do grupo. Um abraço especial para o querido Palhano e às companheiras e companheiros que faziam parte das tarefas em que pude dar a minha pequena contribuição. Estou feliz agora e posso despedir-me com tranqüilidade, pois já afoguei as saudades que me condoíam a alma. Um abraço fraterno a todos.

Amyres

Particularmente, mostrei esta mensagem a uma outra médium e pedi que ela se concentrasse na mensagem e verificasse a procedência espiritual dela, numa tentativa psicométrica, no próprio papel em que foi psicografada. Ela leu e disse: – Sinto uma vibração de muita emoção; Amyres realmente colocou o seu coração nesta mensagem, pode ter certeza disso.

Não há por que duvidar da presença amiga de Amyres no ambiente, ela foi vista pelos médiuns, que receberam sua influência e todos sentiram sua presença de carinho e vibrações de paz e tranqüilidade. Isso deve ser levado em conta na hora da chamada identificação de um espírito, não apenas o estilo literário ou psicológico. Muitas vezes, na maioria, a individualidade não deixou um estilo literário, nem nada que pudesse identificá-lo cientificamente, e até seus parentes poderiam enganar-se, se não fosse, é claro, o sentimento registrado em cada coração saudoso. Contudo, ninguém ali, nem mesmo o dirigente, que havia participado de muitos atendimentos com Amyres, sabia das tarefas dela, realizadas com a dra. Júlia.

Notícias de um Pai

Antônio Epiphânio de Souza nasceu em Vitória, em 29 de maio de 1918, e desencarnou em 22 de março de 1986, com sessenta e oito anos de idade. Era cirurgião dentista e advogado, mas não exercia a profissão de advogado. Era muito querido pelos familiares e conhecidos, respeitado e admirado pelos clientes, por sua dedicação e competência. Teve uma vida honrada e simples, junto à mulher e aos três filhos. Desencarnou devido a um problema cárdio-circulatório, que se agravou num infarte do miocárdio, e, conseqüentemente, à cirurgia que não suportou.

Sempre soube infundir, no seio familiar, a honradez, a seriedade, a honestidade e os preceitos de amor, pregados pelo Cristo. Procurou, nas leituras filosóficas, explicação para as questões da alma, até ensaiou anotações para um livro que pretendia escrever e publicar, mas só se sentiu satisfeito quando encontrou os livros *Ação e reação* e *Nosso lar*, ambos psicografados pelo médium Chico Xavier, ditados pelo espírito André Luiz, indicados por sua filha mais velha, que, na época, já ingressara nas fileiras do espiritismo.

Quis, então, iniciar sua participação prática nas tarefas doutrinárias, mas não houve mais tempo, a doença já não lhe permitiu mais nada. Quando desencarnou, já possuía alguma idéia do que iria encontrar no mundo dos espíritos.

Passaram-se onze anos e agora, 18 de setembro de 1997, havendo oportunidade, sua filha solicitou notícias suas, através de nosso grupo de pesquisas espíritas, do qual ela faz parte, para constar do livro que será escrito, com a finalidade de mostrar a continuação da vida após a morte. Havia chegado o momento de poder contribuir com suas informações e impressões através de um livro, para o alívio e reconforto dos que se encontram perdidos nos caminhos da alma.

1ª mensagem (psicografada), obtida por sua própria filha, que é médium atuante e vem dando assistência a muitos enfermos que pedem orientação espiritual

Cara filha,

É com muita satisfação e alegria que hoje estou aqui, a convite do grupo, para participar de tão grandioso trabalho.

Não sei se mereço, ou melhor, não mereço, mas aqui não está em julgamento os merecimentos, e sim, o trabalho e a oportunidade de ajudar os que necessitam de alento e esperanças, de atenuar as saudades dos que ficaram e dos que estão aqui no mundo espiritual. É um belo trabalho esse!

Todos os dias agradeço ao pai esta bendita oportunidade e peço também por você, minha filha.

Estou muito emocionado e as palavras me fogem, tamanha a comoção que se apoderou de mim, mas, antes de finalizar, quero deixar aqui o agradecimento sincero ao Pai Maior, aos amigos espirituais, à equipe que se propôs a realizar uma tarefa tão edificante, deste pequeno dos pequenos servidores do Cristo, pela oportunidade dada.

À você, Júlia, o meu amor e a minha saudade, que se ameniza toda as vezes em que me aproximo, como agora. Aos nossos amados que ficaram aí, à Nahyr, aos filhos, netos, genros, nora, enfim, a todos, beijos e abraços carinhosos e muito saudosos, e que Deus nos abençoe sempre!

Antônio

2ª mensagem (psicoscopia), por uma outra médium presente

O espírito Antônio Epiphânio, no momento da psicografia, estava junto à própria filha médium, e sua mão estava sobre a mão dela no momento que em que escrevia. Vi ainda, que ele tem uma casa simples no mundo espiritual (fato que foi confirmado por sua filha, que já sabia disso, pois que ele, numa oportunidade em que pôde apresentar-se a ela em visão espiritual, levou-a até essa casa, mostrando-lhe que estava preparando o cantinho da família no mundo espiritual). Isto não era do conhecimento de ninguém, nem mesmo da família, muito menos dessa outra médium, que teve esta percepção.

3ª mensagem (psicografia)

Estende-se a vida ilimitadamente. Em nenhum lugar há estagnação. Mesmo o mais imperfeito dos seres acolhe com apreço a oportunidade de renovar-se. Cuide, pois, o homem, de ampliar sua consciência das leis maiores, que nos regem a todos, a fim de que o encontro consigo mesmo, na realidade maior, se faça sem grandes abalos. Todos, contudo, permanecem amparados pela misericórdia do Pai, que jamais nos abandona. A dificuldade da adaptação à nova realidade, que se impõe sobre aquele que deixa os laços terrenos, é transitória e tanto menos complexa quanto o seu entendimento sobre o futuro espiritual, que o leva para o esclarecimento moral e crescimento íntimo, até ao Pai. O amparo e o concurso amoroso dos amigos espirituais, que tudo fazem para nos conduzir a uma adaptação menos traumática às novas circunstâncias, fortalecem as energias já gastas pelos embates da vida. Outrossim, a oração é sempre o recurso disponível para harmonização das ligações energéticas entre os encarnados e os desencarnados, viabilizando uma vida mais equilibrada para todos. Que o homem possa entender melhor a magnânima bondade do Pai para com seus filhos desalentados e perdidos nas noites dos séculos que se passaram sem o proveito desejado! Que possamos fazer juz ao amor do Grande Benfeitor do Universo!

Antônio Epiphânio de Souza

Uma mensagem pela própria filha, confirmada pela médium ao lado, e mais uma mensagem doutrinária psicografada na oportunidade da evocação. As vibrações do ambiente propício, as emoções da filha e as percepções gerais consubstanciaram a presença desse amigo espiritual.

Um Avô muito Querido

Luiz Sperandio, filho de imigrantes italianos da região de Trento, que se fixaram em Santa Tereza, ES, onde nasceu, em 29 de março de 1898, e desencarnou no dia 30 de outubro de 1975, aos setenta e oito anos, na cidade de Colatina, vítima de um câncer de laringe com metástases pulmonares. Era fumante de cachimbo e cigarros de palha.

Casou-se com uma filha de imigrantes italianos, da região da Bolonha, que também se estabeleceram em Santa Tereza, tendo o casal cinco filhos. Vieram para Colatina e foi uma das primeiras famílias italianas a se estabelecer ali. Montou, com muito trabalho e esforço, um armazém que fornecia todo tipo de mercadoria e alimentos para os colonos e moradores do lugar. Permaneceu assim até a sua morte, sendo conhecido por todos os que conviviam com ele, como Luizão, o italiano de sotaque forte e arrastado, alegre e barulhento, que gostava de tocar concertina, mas firme em sua convicções religiosas, como tem que ser um bom cristão, honesto e prestativo, caridoso e honrado. Não tinha muita instrução, mas o suficiente para saber conduzir a sua vida e a dos seus.

Após quinze anos de sua morte, sua neta Júlia procurou notícias, a pedido de sua avó, através de um grupo mediúnico, quando d. Maria Isabel de Oliveira, médium e tia de seu marido, prometeu que tentaria obter notícias. Após algumas semanas "tia Bebel" disse à Júlia que recebera notícias de seu avô. Ele mandava dizer-lhe que estava muito bem no mundo espiritual, envolvido com uma tarefa importante, que era a de organização e fundação de uma colônia de assistência aos recém-desencarnados, mas que não se esquecera dos entes queridos, e a saudade ainda se fazia muito forte.

Agora, com o projeto "Evocação dos Espíritos", Júlia solicitou novamente notícias de seu Luiz, através do grupo de pesquisas, após vinte e dois anos de seu desenlace :

1ª mensagem (psicografia), obtida pela própria neta Júlia

Minha neta,

Não sou muito bom para escrever, mas não poderia deixar de estar aqui hoje. Sei que tem feito um trabalho bonito em sua caminhada e tenho lhe acompanhado de perto. Estou orgulhoso de você, permaneça sempre assim, minha cara, que terá sempre muitos amigos nossos ajudando-lhe nas tarefas. Quanto à mim, estou muito bem. Sua avó Júlia está comigo. Sei que andou preocupada com ela, por não ter tido notícias, mas é que ela é 'teimosa' mesmo, tem medo de empreender estas viagens longas, pois onde moramos fica bem distante daqui. Ela ainda não se acostumou com tudo isso, mas vai conseguir devagarinho. Seu pai manda-lhe notícias, diz que tem estado muito perto de você. Estivemos juntos na livraria outro dia, naquela festa bonita.[16] *Olha, filha, meu coração bate forte de tanta felicidade. Apesar do tempo em que me encontro aqui, parece que foi ontem que carregava você nos ombros, caminhando pelas ruas de Colatina, nas tardes mornas de sua infância. O tempo desaparece aqui, você sabe! Bem, já é ora de despedir-me. Vou deixando os meus saudosos abraços a todos e a você, especial afeto,*

Luiz[17]

2ª mensagem (psicografia). Recado doutrinário de seu Luiz

O trabalho prossegue nos dois planos da vida, convocando todos aqueles que se sentem capazes de produzir o desenvolvimento dos valores reais. Acomodar-se aos limites do campo físico é comum, mas permanecer nessa identificação indefinidamente gera sofrimentos e abalos, que precisarão ser enfrentados com coragem. Encarnados e desencarnados prosseguem na inter-relação que produz a alegria ou a dor, dependendo da direção dada às próprias forças mentais.

---

[16] Lançamento do livro *Laudos espíritas da loucura*, do qual a Júlia é co-autora.

[17] Esta mensagem transmitiu especial emoção, quanto ao sentimento do espírito para com a neta, na médium a quem foi dada Esta mensagem, para conferir a sua autenticidade (psicometria).

***

O recado do companheiro Luiz, aqui mencionado, é válido para todos. Que cada um se sinta tocado pela experiência que expressa e busque renovar os propósitos de libertação.

3ª mensagem (psicografia)

As maravilhas do mundo espiritual são radiosas e belas, porém a saudade dos familiares por vezes nos deixa tristes, acabrunhados. Mas o Pai de amor nos dá sempre uma injeção de ânimo para que possamos seguir em frente nas tarefas fraternas de amor e paz. Acredito que ninguém pode imaginar como nos sentimos tão vivos e tão presentes em nosso ambiente familiar; basta que o desejemos ardentemente e com amor, então conseguimos realizar a ajuda tão oportuna entre os nossos entes queridos. Que a paz de Jesus reine em todos os corações.

Luiz

A presença desse espírito trouxe alegria e bom ânimo, confirmando as primeiras informações, vindas há algum tempo pela médium Maria Isabel de Oliveira, que dizia estar ele muito bem, e trabalhando em benefício de muitos.

A Morte não Existe

Carlos C. N. Pires nasceu em 02 de julho de 1926 e desencarnou em 11 de agosto de 1996. Era mineiro de nascimento, família tradicional de Belo Horizonte, mas casou-se em Colatina, morando lá por muito tempo, enquanto exerceu a profissão de bancário. Ao se aposentar, veio morar em Vitória. Era uma pessoa calma e bondosa, alegre e desprendida, provedor da família, com um carinho todo especial para com os filhos e a esposa, com quem comportava-se como um eterno namorado. Tinha um vínculo familiar muito forte, valorizando muito a família como célula *mater* da sociedade. Viveu bem os seus setenta anos, dentro dos preceitos da moral e da fraternidade, até que um câncer de intestino o levou para o mundo espiritual.

O momento culminante de sua existência atual foi justamente com a doença, quando teve a oportunidade de entrar em contato com a doutrina dos espíritos. Por causa de sua enfermidade, a esposa e os filhos tiveram a oportunidade de conviver algum tempo com os ensinamentos espíritas, que funcionaram como um lenitivo maior para que todos suportassem as agruras do sofrimento paterno. O senhor Carlos pôde, então, consolar seu coração de pai amoroso, no momento final do seu martírio, percebendo que todos a quem amava e que, em breve, deixaria aqui, quando partisse para a outra dimensão, estavam preparados para a separação dolorosa, embora não quisessem que fosse assim.

Após um ano de desencarnado, sua sobrinha solicitou notícias ao nosso grupo de pesquisas:

1ª mensagem (psicografia)

Constatamos que, com a morte do corpo, continuamos vivos como antes, com os mesmos defeitos e as mesmas manias, mas também com as qualidades que os que conviveram conosco na Terra souberam valorizar. É tão bom verificar que não se acaba simplesmente, quando chega o momento da partida deste mundo, que é cheio de dores e aflições. É bom saber que a vida futura é plena de energia e oportunidades mil, que seremos felicitados sempre, pelo Pai generoso e bom, com novas chances de revivermos o aprendizado que deixamos pela metade, e que voltaremos ao convívio com os nossos entes amados. Querida sobrinha, estou imensamente grato pela ajuda que tive de você e de seu grupo; agradeça ao Palhano por mim. Se não tivesse recebido os esclarecimentos que tive, apesar de não poder alcançá-los plenamente, por não querer acreditar, ou ter medo de estar me enganando, com certeza minha adaptação a esta nova vida teria sido muito mais difícil. Mas, graças a Deus, estou bem agora, ajudado por muitos amigos que aqui reencontrei, principalmente o Antônio, seu pai, e o velho Luizão. Sabe, há tantas coisas para contar, mas eu sei que o tempo é curto e o momento não é este. Então vou encerrando por aqui, sem deixar de enviar um abraço muito especial e muitos beijos para a Aidê e os 'meninos', todos, os grandes e os pequenos (netos). Estou com muitas saudades de todos. Cuide deles por mim, estarei por perto quando puder e estiver em condições. Que Deus Pai abençoe vocês todos.

Carlos

2ª mensagem (psicografia)

O esgotamento dos órgãos físicos determina o fim da experiência na Terra, mas não o termo da jornada do espírito. Após o período de perturbação, acorda-se para uma realidade mais plena de vida e é bom sentir a leveza e o equilíbrio que trazem bem-estar. A morte não separa os que verdadeiramente se amam. Realiza apenas uma renovação temporária desses laços. O plano divino é sempre interessado no bem de todos. Resta à criatura buscar dentro de si mesma os recursos necessários à sua adaptação à nova realidade. O companheiro aqui lembrado encontra-se sob o amparo dos seus amigos e familiares que o precederam. Readapta-se às necessidades da vida espiritual e continua vibrando amorosamente pelos familiares que permanecem nos caminhos do mundo. As ligações pelo pensamento e os contatos durante o sono físico já têm acontecido, para minimizar a dor da saudade. Recomendamos, pois, muita tranqüilidade e oração pelos familiares.

Uma mensagem confirmou a outra, de um modo bastante claro. Seu Carlos recebeu bastante esclarecimento doutrinário, passes, água fluidificada, durante o desenrolar de sua enfermidade. Mas sempre se colocava numa posição reservada, como alguém que quisesse acreditar, sem ter coragem de aprofundar-se. Contudo, parece que valeu todo o trabalho de visitas a esse enfermo. Passou por um período de adaptação, que, tudo indica, não durou mais do que um ano. Notificou que parentes que o tinham precedido na morte lá estavam a ampará-lo.

Um Pai de Família

C.S.P., de quarenta e cinco anos de idade, embora ateu por opção, era um bom pai de família, honesto e trabalhador, tendo primado por cuidar de sua família, dando conforto aos filhos e segurança e afeição para sua esposa. Viviam em harmonia e ninguém jamais soube de qualquer coisa que pudesse denegrir sua pessoa. Contudo, sofria de asma, de uma depressão um tanto hipocondríaca e era muito estressado. Num momento de lazer, sofreu um aneurisma cerebral fulminante, sem recurso possível para salvá-lo. Sua viúva, na saudade dos longos dez anos de sua perda afetiva, solicitou notícias dele. Ele mesmo não pôde se manifestar, mas os espíritos responsáveis pelas tarefas enviaram notícias consoladoras.

1ª mensagem (psicoscopia), visualizada e narrada pela médium, sobre a situação atual do espírito e do momento em que desencarnou

Vejo um senhor com entradas no cabelo, já um tanto grisalho, nariz afilado... o aspecto dele é confuso, está revoltado, acha que não era ainda a hora em que devia partir da Terra, não aceita bem sua partida. Parece que, por momentos, fica um tanto semiconsciente. Vejo-o numa espécie de hospital, está sentado na cama, sozinho, mas não consigo me aproximar. Há um criado-mudo ao lado da cama e em cima dele uma jarra com água. Ele está sofrendo, está triste, não quer ninguém lá. Mas é um lugar que lhe dá proteção espiritual, pois é tranqüilo e há paz no ambiente. Vejo também uma senhora perto dele, uma enfermeira... agora ele me vê! Está consciente, diz que sabe que está desencarnado, que não queria ter morrido tão cedo, que gostaria muito de ver a família. Essa enfermeira está sempre perto dele, tentando ajudar nos momentos de crise. Vejo a cena de sua morte: estava numa escadaria, quando sentiu uma dor muito grande, ficou tonto e caiu pela escada.

Aqui é preciso confirmar que ele desencarnou de modo fulminante, quando estava numa escadaria, onde caiu ali mesmo, sem nenhuma chance de salvamento. A médium não o conhecia, aliás, nenhum dos médiuns presentes o havia conhecido em vida, e nem sabiam dele. A sua condição de ateu condiz com o seu estado de revolta e indignação contra os desígnios do Pai Celestial. Isso o prejudicou em sua entrada no mundo espiritual, onde também esperava encontrar o nada.

2ª mensagem (psicografia), enviada para a viúva, que, saudosa, solicitou a notícia

Em nossa cultura a morte ergue espessa barreira entre os que partem e os que ficam na retaguarda. Pela incapacidade de ver além da vida material, vive o encarnado a ilusão de que tudo acaba no túmulo. Podemos reafirmar, contudo, que a vida continua com toda a sua plenitude. Necessário se faz atravessarmos momentos difíceis com serenidade, a fim de que os laços familiares não representem um peso para as criaturas envolvidas. Orar é sempre o melhor recurso para encontrar o conforto e a paz do coração. Liberta-te, libertando também o companheiro, para que, na vida maior, ele continue o seu processo de crescimento, sob o amparo dos mentores e amigos espirituais que velam pelo grupo familiar. Muita paz!

3ª mensagem (psicografia), praticamente um bilhete, mas confirma a mensagem acima, sobre as condições do espírito, mesmo depois de dez anos de desencarnado, e da necessidade de os familiares reformularem seus sentimentos

O irmão está recebendo ajuda dos amigos espirituais, mas precisa do apoio dos familiares, para sua completa recuperação.

4ª mensagem (psicoscopia), que esclarece mais a situação atual do espírito

O sr. C. encontra-se já completamente restabelecido dos problemas que culminaram com sua desencarnação. Porém, devido a sua incompreensão e inconformação pela situação aparentemente inesperada de desencarnado, continua sob cuidados hospitalares, recebendo esclarecimentos sobre o mundo espiritual, tratamento de irradiações e passes. Encontra-se bem mais calmo e compreensivo. Sente muitas saudades do lar, mas já foi informado de que, em breve, poderá enviar notícias. Vibremos por ele com amor, de forma positiva, pelo seu reequilíbrio espiritual completo. Seria interessante que os familiares abrandassem os sentimentos depressivos, que vêm junto com a saudade em descontrole. Os objetos dele, que não tiverem mais utilidade para a família, devem ser doados a uma instituição filantrópica, onde possam ser aproveitados; já seria um bom começo de desapego. O sentimento verdadeiro que devemos cultivar deve estar no coração. As coisas materiais só nos servem quando estamos mergulhados no mundo corpóreo.

5ª mensagem (psicografia), de esclarecimento geral

No momento em que despertamos no mundo espiritual, após caminharmos algum tempo na Terra, como homens, esquecidos de tudo o que fomos anteriormente, é difícil nos localizarmos e até mesmo aceitarmos a situação da morte física. Porém, aos poucos, vamos recobrando a consciência lentamente e nos damos conta de que somos espíritos e imortais, filhos do Pai Celestial, destinados a viver eternamente como ele e, dessa maneira, trabalhar muito para o nosso crescimento espiritual. É muito difícil, para alguém que sempre acreditou ser real apenas o mundo material em que viveu, constatar quão pouco sabia da vida; ver com seus próprios olhos de espírito tudo o de que já tinha ouvido falar sobre o mundo espiritual e em que não acreditava; estar com familiares dos quais acreditava já ter perdido o seu convívio, pois haviam morrido há tanto tempo, e que não julgava poder revê-los assim tão solidamente, e, no entanto, aí estão, junto a ele, dando-lhe toda a assistência, nesse momento de transição, contando-lhe também o quanto foi difícil para eles a mesma situação. Por fim, agora, percebe que pode estar em contato com aqueles a quem deixou na Terra, sentir-lhes as sensações, saudades, aflições, medos e alegrias, através do fio do pensamento. Desta forma, solicita a todos pensamentos positivos e preces, para que possa reequilibrar-se mais depressa para poder oferecer-lhes as energias psíquicas positivas em forma de vibrações de amor e paz, que tanto almeja para todos. À companheira querida dedica um momento de prece e amor, do fundo do coração, para que tenha mais força e para que possa superar os momentos difíceis de saudades que ambos têm sentido por sua ausência física, um do outro. Ama-a muito e sofre com o seu sofrimento. Coragem – pede – tudo vai acalmar e as vibrações vão melhorar, dando a segurança necessária de que precisam, para enfrentar a separação temporária.

Esta mensagem confirma a psicoscopia (primeira mensagem) que descreveu a assistência de um espírito familiar ao sr. C.. Uma das vantagens da varredura medianímica é a de injetar recurso psíquico naquele a quem ela é dirigida. Isso faz com que, pelo menos momentaneamente, o espírito receba energias de refazimento e sustentação que não conseguiria sozinho. As percepções medianímicas são conseqüências naturais da ponte de ligação que se estabelece no momento da atividade, em benefício dessa ou daquela pessoa. Conseguiu-se, aqui, estabelecer contato, saber notícias precisas, as mensagens confirmaram-se mutuamente; tanto o espírito quanto os familiares receberam energias renovadas, ânimo, esclarecimento e consolo.

Enfarto do Miocárdio

O amigo V. S. D. A. desencarnou aos quarenta e cinco anos de idade, devido a um enfarto do miocárdio fulminante, em sua própria residência. Não houve tempo para nada, nenhum procedimento médico, foi de repente. O que fazer? Os familiares passaram por essa provação, que precisa de uma grande fé na providência divina para que não haja revolta e blasfêmia contra Deus, que sabe muito bem do que precisamos e das nossa necessidades de expiação e provações. Visa ele sempre à nossa educação espiritual, nunca à nossa perda ou desgraça.

Os familiares, cinco meses depois, solicitaram notícias do marido e pai, ao CIPES. O nome dele foi colocado para que diversos médiuns o localizassem e, se possível, na evocação de seu nome, que ele mesmo viesse e ofertasse sua palavra de consolo aos familiares. Tudo seria anotado e gravado, visto que os familiares, dessa vez, não estavam presentes. As informações, cada uma por sua vez, foram surgindo, e tivemos informações interessantes.

1ª mensagem (psicoscopia)

Vejo que foi socorrido e está sendo muito amparado. Ele não era uma pessoa religiosa, mas é um espírito velho, cheio de experiência, antigo em suas romagens reencarnatórias, e não podia falhar nessa última experiência física, pois isso iria complicar muito mais o seu caminho de aprendizado. No seu programa reencarnatório estava explícito que, se qualquer coisa ameaçasse o seu roteiro educativo, ele seria retirado da existência corpórea. Mas percebo que ele é um tanto calculista e mantém certa frieza de coração. Foi realmente socorrido, está lúcido, sabendo de toda a situação. Mas não está contente com ela, está até um tanto revoltado. Os familiares não precisam saber disso agora, pois não iria ajudar em nada.

2ª mensagem (psicografia)

O companheiro atravessa período necessário de adaptação à vida espiritual. Conta com o amparo de familiares que o antecederam na passagem para o mundo maior. A recomendação aos familiares é de pacificação dos próprios corações. É preciso confiar em Deus e esquecer os lances já vivenciados, a fim de que os pensamentos mais serenos possam favorecer o reequilíbrio de todos. A dor é uma constante na caminhada terrena, mas buscar nela as lições preciosas do entendimento maior da vida é o passo necessário à conquista da paz.

Esta mensagem foi encaminhada aos familiares, pois o seu conteúdo não só informa o estado atual do espírito, como aconselha procedimentos justos para que se consiga a serenidade justa a cada um.

3ª mensagem (psicoscopia), a médium foi narrando e alguém foi

anotando as suas percepções

Procurei chegar até ao seu apartamento para ver de perto como estava o ambiente.[18] *Para surpresa minha, percebi que havia, ainda, uma ligação muito forte entre o espírito dele e os familiares, por causa das lembranças destes últimos. Essa insistência mental o mantinha vinculado mentalmente ao ambiente doméstico, impedindo, de certa forma, que se libertasse das próprias lembranças do mundo material. Mas vi que chegaram duas entidades, parecendo enfermeiros, pois estavam de branco e aplicaram algumas técnicas magnéticas, fazendo com que rompessem os fios psíquicos de contato entre eles. Agora a tristeza dos familiares não chegará até ele e, então, terá mais sossego espiritual. Terá momentos de alívio mais demorados e poderá descansar e refazer-se devidamente.*

Esta percepção notificou-nos que providências, mediante nossas preces, foram tomadas junto aos familiares, para que serenassem os ânimos de tristeza e revolta. Confirmou a orientação da segunda mensagem que pede a pacificação dos familiares, o que constitui

---

[18] O endereço é fornecido aos médiuns.

uma necessidade muito grande, quando o desencarnante ainda não se encontra preparado para a última travessia.

4ª mensagem (psicografia) de alento para os familiares, que foi assinada por um parente já desencarnado, que presta assistência ao irmão recém-falecido. Não há necessidade de identificações, visto que a família é bem conhecida na cidade em que reside

Nosso estimado V... está sendo bem-cuidado, possui muitos amigos neste mundo em que se encontra, que estão empenhados em lhe dar a devida assistência. Esse momento é, ainda, de muita dificuldade, pois que a passagem da vida física para a vida espiritual, onde os valores são mais verdadeiros e as verdades são melhores entendidas, não é bem aceita por muitos, que esperam mais da vida material. Porém, não se preocupem, ele está bem e em fase de refazimento. Fiquem em paz!

J. A.

A segunda mensagem diz que havia espíritos familiares que lhe davam assistência e esta quarta comunicação simplesmente mostra um familiar, do mesmo sobrenome, tentando consolar os que ficaram. Perfeito.

5ª mensagem (psicografia) de um espírito amigo que não se identificou, se era um familiar ou não, mas com certeza era amigo

Busquemos na prece o auxílio necessário que possa ajudar nosso irmão neste momento. Ele encontra-se auxiliado por mentores e trabalhadores espirituais que o ajudam neste momento difícil de separação momentânea mas brusca, entre o mundo físico e o espiritual. Quando chegado o momento oportuno, poderá o mesmo buscar os recursos medianímicos para o bilhete amigo e sincero, que auxiliará os entes queridos nos momentos de saudade. Tenhamos fé e pensamentos positivos para que nossas vibrações de amor possam chegar o mais rápido possível junto àqueles que amamos, visto que, para o mundo do espírito, não há tempo nem distâncias. Que Jesus possa abençoar e envolver a todos com muito amor e carinho.

Carina

6ª mensagem (psicoscopia)

Encontra-se em tratamento, a maior parte do tempo, mas com momentos de estudo e reflexão junto aos companheiros que o receberam. Sente muita saudade e abala-se muito, ainda, quando pensa em todos os que ficaram (esposa e filhos). Tem tido muito apoio de parentes e amigos espirituais, que não o deixam só.

Até aqui é possível verificar que houve coerência nas percepções e mensagens psicografadas. Mas uma última mensagem foi bem interessante, pois a médium pôde aproximar-se psiquicamente dele e captar-lhe os pensamentos. Ela, como que numa entrevista, foi recebendo o seu pensamento a respeito de sua situação e o que pensava dela, convencendo-o de que poderia falar à vontade, de tudo o que lhe ia no coração, pois a sua família havia pedido notícias suas.

7ª mensagem (psicografia), obtida da conversação com a entidade desencarnada

Não desejamos a ninguém o que passamos após o momento de nossa desencarnação. Principalmente estando despreparados e mal-informados das coisas

espirituais. Sem falar dos conceitos religiosos errados e da má-fé que nos são incutidos durante a vida terrena. Fazem-nos pensar que teremos o reinos dos céus se praticarmos os cultos e aceitarmos os dogmas que nos impõem. Consciências menos afeitas à caridade cristã que deveriam ter, os responsáveis religiosos, movidos pelos interesses mundanos, se desdobram em benefício próprio. São os culpados. Pois bem, por isso a maioria sai do mundo físico sem estar preparada. O assombro é inevitável, ao nos vermos vivos, e bem vivos, apenas em dimensão que não conhecíamos nem nada sabemos dela. O nosso corpo aqui é uma réplica do carnal, com os mesmos defeitos; o pensamento é o mesmo; enfim, somos os mesmos que éramos antes, sem tirar nem pôr, apenas que, de agora em diante, estamos sós, com nossas consciências. Onde o céu que nos foi prometido, onde os anjos e arcanjos do Senhor, a nos soarem trombetas de boas vindas? Não fui um bom pai? Um bom marido? Um bom filho? Então?!... Fui honesto trabalhador, e, de repente, tiram-me do seio da minha família, cheio de vida ainda, e me deixam assim, só!!!... Aos poucos acordo, tomo consciência de tudo o que me aconteceu e reconheço perto de mim pessoas que, como eu, também já morreram, mas vêm para ajudar-me, informar-me e conduzir-me para suas casas, onde agora me encontro, em fase de recuperação. Foi-me dada permissão, hoje, por acréscimo de misericórdia do Pai Celeste, para que transmitisse pessoalmente este bilhete para vocês, meus queridos, para que, ouvindo-me, acordem, o mais rápido possível, para as coisas do espírito, informando-se devidamente, para que não sofram as mesmas dificuldades que eu. Hoje, porém, sinto-me bem amparado e protegido. Tenho me esforçado para aprender tudo o que posso, mas as saudades são muitas; é muito difícil de superar.

Peço que orem sempre por mim e pensem em mim nos momentos de suas preces, assim como eu já estou fazendo daqui. A prece, meus queridos, é um bálsamo para nossas feridas, provocadas pelas imensas saudades. Abraços e beijos a todos, principalmente aos filhos queridos e à minha B...

Numa observação imparcial, é possível perceber um rasgo de revolta nas palavras do espírito. Ele está fazendo força para controlar-se, visto que não aceita a situação totalmente. Culpa as igrejas, enquanto se sabe que não era religioso; diz-se só e ao mesmo tempo confessa que amigos o amparam. O esforço da médium foi incrível, mas conseguiu passar todo o pensamento da entidade. A coerência das mensagens foi total. Esse caso foi identificado como uma morte inesperada e notou-se a completa falta de preparo de um pai de família diante da vida espiritual. Ele foi retirado da vida corpórea sob vigilância espiritual, pois alguma coisa estava se armando para complicar-lhe a existência. Uma armadilha na qual ele já havia caído.

Crime e Corrigenda

A. P. B. S., jovem de dezoito anos, faleceu em 1993, por falta de um transplante de medula óssea, que não conseguiu fazer a tempo. Seu pai, após ter solicitado informações sobre ela em vários outros centros espíritas do país, resolveu escrever para o CIPES:

Não existem queixas de minha parte. Eu gostaria muito de saber notícias de minha filha, mas informações convincentes sobre ela no mundo espiritual. Depois de sua partida deste mundo terrestre, não consegui notícias dela, por mais que tentasse. Soube da seriedade do trabalho de pesquisa do CIPES e espero que daí possa vir alguma informação que tranqüilize a família. Confio no trabalho dos senhores e, se for da vontade do Criador, espero, o mais rápido possível, notícias convincentes de minha filha, principalmente sobre a causa que motivou a sua inesperada doença.

R. B. S.

1ª mensagem (psicoscopia)

Essa moça recebe interferência de uma entidade espiritual bastante sombria. A impressão é de projeções de trevas, como se fossem bolas negras que se espalham por sobre a pessoa. A causa disso foi uma experiência vivida em outra encarnação, quando crimes passionais foram cometidos em cumplicidade. As energias irradiadas deste momento, que partem daqui do grupo, minimizam os efeitos das projeções sombrias. Recomenda-se que os familiares continuem com orações no lar, após leituras edificantes, busquem a fraternidade e a harmonia nas relações familiares, para que repercutam de modo positivo na irmãzinha desencarnada.

2ª mensagem (psicoscopia)

Vejo uma moça muito agitada e agressiva. Trata-se da influência de uma entidade feminina que a vigia sem cessar e, quando pode, atua sobre ela, com o intuito de vingança. Há um orientador espiritual que providenciou o afastamento dessa entidade e está aconselhando a jovem que procure esclarecer-se mais sobre a sua própria situação e se socorra com a prece. Foram feitos passes magnéticos na moça, depois dos quais ela ficou mais calma. Foi enviado muito recurso daqui para essa moça, parece até que foi uma atividade de irradiação mental.

3ª mensagem (psicoscopia)

A jovem encontra-se muito desequilibrada psicologicamente. Perturbada, sem vontade, desanimada, sem energia e força interior. É uma espécie de saudade, perdeu o contato com os familiares. Precisa de tratamento urgente em pronto-socorro espiritual. Necessita também de que os familiares providenciem bons pensamentos, preces e cuidados especiais ao mentalizá-la, para que ela receba recursos tranqüilizantes. Está muito fragilizada, mas está, agora, sendo devidamente amparada.

4ª mensagem (psicoscopia)

Está completamente desorientada, como se a vida para ela não tivesse rumo. Saiu do mundo completamente despreparada para a vida espiritual e, na saída do corpo, ela entrou nessa espécie de labirinto psíquico. Ela rodava muito, pedindo ajuda, quando amigos espirituais a seguraram e mostraram para ela qual a saída dali. Precisa de orações. É preciso que toda a família se una e ore muito, com amor e fé.

5ª mensagem (psicoscopia)

Os amigos espirituais a escondem num lugar semelhante a um hospital, pois há uma entidade feminina que permanecia junto dela, que a imantava e a levava para lugares antigos e conhecidos dela, como se fosse para ela ficar revendo situações. No passado, essa moça foi assassinada por um homem e, desde então, essa entidade feminina está sempre ao lado dela, vigiando e influenciando. A moça tem medo e fica agressiva. Saiu do corpo físico e psicologicamente vivencia duas experiências. Tem medo do pai [o assassino da reencarnação anterior] e vive cor-

rendo, como se quisesse se libertar do corpo. Agora há bons espíritos com ela. Ela mantém um conflito muito grande por causa de suas duas vidas passadas. Uma vez morreu apunhalada pelas costas.

Foi então perguntado à médium qual seria a origem do câncer que a vitimou:

Vejo-a em duas situações peculiares, uma no inverno, ela toda coberta de roupas pesadas e andando apressada pelas ruas, indo ao encontro de uma outra pessoa. Chega a um prédio, um hospital. Entra na ala dos loucos. Em tudo há correntes; muitos pacientes. Ela vai visitar alguém, uma pessoa que ela quer esconder. É uma mulher doente, que ela mantém lá, sob doses fortes de medicamentos. Há uma dose muito forte. A mulher acaba morrendo. Esse remédio bloqueava a circulação sangüínea, diminuindo a oxigenação do cérebro. Desse modo, a paciente nem mais conseguia andar. Seus cabelos ficaram brancos e ela não era uma velha. Essa substância parece que bloqueava os movimentos musculares e fazia branquear os cabelos. Era um composto... morfina?... potássio?... não sei dizer. Tudo me parece uma trama.

6ª mensagem (psicoscopia)

Há uma outra experiência criminosa, talvez em outra encarnação. Essa moça teve um bebê numa vida passada, uma criança indesejada. Decidiu-se por deixá-la morrer, à míngua, na neve, congelada.

Todas as mensagens são compatíveis e coerentes. A presença de uma entidade feminina perturbadora, ações criminosas calculistas e impiedosas. A origem da doença que a vitimou ficou bem explicada, por duas situações: aplicação de substância venenosa de ação sobre o sangue e o congelamento (paralisação) corporal, visando ao assassínio. Isso é compromisso pesado que se adquire para com a vida. A corrigenda divina é seríssima para quem comete esses erros graves e sérios. Com a varredura medianímica, a moça foi ajudada, e a entidade obsessora foi afastada.

Óbito Infantil

A. P. F., de oito anos de idade, desencarnou após sofrer um acidente, quando caiu do veículo em que estava, e perfurou o abdômen, tendo uma hemorragia interna. Seus pais, dois meses depois, solicitaram informação espiritual sobre ele. Seu nome foi colocado na reunião experimental, entre outros nomes, de forma que os médiuns não o procuraram no mesmo momento, cada um o fez quando encontrou a solicitação. Nesta varredura, pedia-se notícia do espírito e de suas condições no mundo espiritual. As solicitações foram encaminhadas a quatro médiuns.

1ª mensagem (psicoscopia)

Vejo um caixão, é uma cena onde o menino está dentro de um caixão. Oh! São os pensamentos dos pais. Eles estão com essa imagem na mente, como se pensassem que o menino ainda estivesse dentro do caixão. Os pais estão precisando de ajuda, pois suas mentes estão fixas na cena do caixão e o corpinho da criança lá. Entretanto, o menino está bem, tranqüilo, saudoso. Encontrou alguém da família deles do lado de lá. É uma senhora. Não é muito velha. Ela o recebeu lá. Trata-se da avó ou uma tia, mas é uma pessoa que o menino reconheceu.

2ª mensagem (psicoscopia)

Esta criança está bem, apesar de perguntar muito pelos pais e pedir que o deixem voltar para casa. Já está entre familiares que o antecederam e que o tratam com grande carinho. Tem freqüentado uma espécie de escola, onde lhe é ensinado que a sua situação agora é diferente, houve mudanças. Os pais precisam ter mais consciência da situação e ajudá-lo mais, com preces e sentimentos de confiança na providência divina. Os sentimentos saudosos não devem ser mantidos, mas sim, desviados para outros pensamentos, principalmente os que procuram cultivar a caridade e o bem-estar geral. Tudo o que pertenceu ao menino, e que não tenha mais serventia, mas que traz a sua lembrança viva, deve ser doado ou conduzido para onde seja mais útil. O choro inconsolável também deve ser evitado, pois o reencontro um dia é inevitável. Muita paz!

Esta mensagem traz a confirmação de que familiares desencarnados estão cuidando do menino e que ele ainda necessita de auxílio. Acrescenta que os pais devem ser informados dessa realidade para que mudem o tônus mental, acalmando-se intimamente. O conhecimento espírita pode ajudar muito, pois é por ele que temos a certeza de que não há morte, não há também danação eterna, mas sim, uma continuidade.

3ª mensagem (psicoscopia)

Vejo o menino num local de tratamento, mas também com atividades de ensino. Ele está muito triste e diz para a mãe: – Mãe, eu não posso continuar assim. Permanece num quarto, e não está conseguindo vivenciar a sua atual situação porque a sua mãe o chama freqüentemente. Isso é um sofrimento para ele, visto que não pode conviver com os daqui. É preciso modificar o comportamento mental dos seus parentes que ficaram, justamente para que ele possa perceber melhor a sua nova situação.

4ª mensagem (psicografia), em que a médium reproduziu o pensamento do espírito, que, ouvindo as lamúrias dos pais, ressentido e choroso, também, exclamava:

Ai, meu pai, por que chora? Você sabe que nada poderia ter feito, pai! A hora era aquela e eu soube logo. Não quero que você fique assim! Não quero que você sofra, pai. Amo você tanto que não consigo seguir livre, estando sofrendo o seu sofrimento. Sinto tudo o que vocês sentem. Sinto a dor de mamãe, mas sinto também a força dela. Mãe, não deixe as coisas se perderem. É necessário que vocês estejam unidos. O sofrimento tem que ser para unir. A G... precisa de vocês, precisa de alegria e força, a força de vocês. Eu vou estar bem sempre que vocês estiverem. Não duvidem disso, porque tenho tido amizades e companhias que me fazem bem, já estou bom. Tenho um amigo, um médico de Jesus que está sempre comigo. Ele cuidou de meu ferimento. Tenho agora um corpo lindo. Também tenho muitas saudades, muitas. Mas quero continuar, quero viver mais. Aprendi aqui que posso ser feliz, que vocês podem ser felizes, mesmo que eu não esteja aí, porque, um dia, nos reuniremos outra vez, e que o nosso amor estará sempre nos ligando. Isso pode fazer a gente feliz. Não quero vocês assim. Orem por mim, mas orem mais por vocês. A morte não existe, estou sabendo disso agora. Ensinaram-me aqui. Pai, não desista! Por favor, levanta a cabeça. O mundo aí é muito bonito. Saiba que ainda vamos estar juntos. Não torne a vida de minha irmã uma vida triste. Quero que ela seja tão filha de vocês quanto eu. Mudem o que estão sentindo, por favor. Deus é maravilhoso, vocês precisam descobrir isso. Pensem em Jesus. Peçam ajuda à mãe dele. E recebam o meu amor, meu amor para sempre. Minha saudade e minha certeza de que um dia estaremos juntos. Beijos, beijos e saudades.

A...

É evidente que o espírito foi ajudado para que enviasse esses pensamentos dramáticos, pois, filho de pais espíritas, estava sendo aprisionado em pensamentos mórbidos da *saudade* e *revolta*, de não-aceitação da vontade divina. Como é possível observar, a médium reproduziu o pensamento do espírito, que refletia tudo o que foi observado pelos outros médiuns. A situação de A... era estar cativo dos pensamentos dos familiares. Os pais realmente permanecem mortificados nesse tipo de perda familiar, a ponto de não perceberem que os outros irmãos também estão dentro do contexto da carência psicológica e precisam de atenção.

Esse é um fenômeno perfeitamente possível, não é 'incorporação' nem psicofonia, trata-se de um tipo de telepatia, quando o médium penetra a mente de outrem e sabe de seus pensamentos. Há uma *imisção psíquica*, em que a distância não tem qualquer influência. Basta sintonizar para que ocorra o fenômeno. É preciso lembrar que, no caso, havia grande amparo espiritual.

Cinco meses depois, próximo ao aniversário de A..., seus pais tornaram a pedir notícias. Foi quando se soube que ele ainda estava em situação de refazimento, pois ainda não havia se restabelecido completamente. Um amigo espiritual psicografou as notícias e transcreveu um breve recado do próprio A...:

Consagramos boa parte de nossa existência terrena à vida que vivemos no presente, sem considerarmos ou lembrarmos que estamos, neste momento da existência, numa situação transitória que a qualquer momento pode ser modificada, quando então somos apanhados de 'surpresa' por um acidente que nos bloqueia e tolhe os planos para o futuro, e permanecemos transtornados, confusos, atordoados com a nova situação. É preciso que encontremos amigos abnegados e queridos que nos acolham e, com paciência e insistência, nos orientem e nos mostrem o que realmente aconteceu. Por outro lado, é muito difícil para os que ficam, presos ao mundo material da vida, entender o que se passa do outro lado, na vida espiritual. Porém, com o tempo, os que partem conseguem se firmar e aceitam melhor a situação nova, que passam a vivenciar. Tudo isso é um aprendizado constante – para os que partem e para os que ficam. Vale frisar que aqueles que somam aprendizados positivos, crescem sempre e, com facilidade, livram-se das aflições, que geralmente acometem os incautos. Aos queridos amigos que foram pais do A..., deixo aqui um recadinho dele, endereçado com muito carinho a todos e, em especial, à mamãe e ao papai, para mostrar-lhes que ele está bem agora:

"Papai, mamãe,

"Estou contente em poder enviar à vocês o meu abraço saudoso, mas não fiquem preocupados comigo, estou bem, com amigos que me ajudam e me dão todo o apoio de que preciso. Um grande abraço para todos.

"A..."

5ª mensagem (psicografia)

Comunicamos aos familiares que o menor A... encontra-se em instituição espiritual destinada à readaptação de crianças recém-desencarnadas. Essa instituição funciona como um hospital-escola, onde amigas espirituais, abençoadas benfeitoras espirituais, dedicam-se, quais verdadeiras mães, amparando os pequeninos nos processos de tratamento do perispírito e da readaptação psicológica. A criança ainda está bastante ressentida, principalmente por causa da falta dos familiares queridos, que permaneceram na Terra. Por isso necessita receber vibrações amorosas, nas formas de preces e pensamentos positivos, para que possa adaptar-se melhor, passando a perceber direito onde está, sem muitos traumas. A saudade dos que ficaram, transformada em rogativas ao Pai Maior, poderá man-

ter o ambiente familiar favorável à tranqüilidade que é necessária nessas horas, visto que os pensamentos saudosos e chorosos atraem o espírito A... vigorosamente, proporcionando enorme trabalho às abnegadas enfermeiras para recuperar o seu estado de equilíbrio e reajustamento, a fim de contê-lo e mantê-lo menos agitado. Portanto, solicitamos a todos que, esclarecidos da existência da continuidade da vida na terra espiritual, pensem no A... com carinho, enviando-lhe preces de consolo e paz, para que possam ajudá-lo realmente.

Um amigo espiritual

Esse caso foi de consolação e certeza para que os pais pudessem ajudar mais o filho, mesmo depois de desencarnado. As mensagens objetivas e esclarecedoras dizem da condição do espírito e chamam atenção dos familiares ante a possibilidade da cooperação para o bem-estar do desencarnado.

Um Médico Abnegado

F. N. M. era médico há mais ou menos vinte e cinco anos, todos dedicados às crianças e aos adolescentes. Tinha um carinho especial para tratar dos seus pacientes, sempre preocupado com os problemas sociais que envolviam as crianças atendidas por ele nos hospitais públicos. Era sensível e possuía uma visão clara da vida após a morte, apesar de não conhecer a doutrina espírita.

Adoeceu com um câncer localizado na região terminal do intestino grosso, quando estava com quarenta e cinco anos. Solteiro, morava sozinho, e enfrentou com coragem a sua doença. Contava com a presença amiga de sua irmã mais velha, que o acompanhou de perto na fase de tratamento, nas quimioterapias, radioterapias e cirurgias.

Quando houve uma melhora, ele voltou a trabalhar, retomando a clínica aos poucos, mas a doença avançou, aparecendo metástase na bexiga. Para piorar a situação, sua irmã veio a falecer subitamente, devido a um aneurisma cerebral, que se rompeu inesperadamente. Ela deixou três filhos adolescentes. F. N. M., não suportando a dor da perda de sua querida irmã, desgostoso, adotou uma postura de defesa, abandonando a profissão, sentindo-se inútil por não poder ajudar a irmã e os sobrinhos, que muito amava. Achou que a vida havia sido muito injusta para com a família dele e que a medicina não mais adiantava para o seu caso. Recolheu-se em seu sítio, onde criava gado e onde se sentia mais reconfortado, junto à natureza.

Faleceu cinco anos depois. A doença avançou lentamente, mas, no final, ele voltou a apresentar uma atitude corajosa e resignada, como possuía no início, desencarnando com serenidade.

Uma amiga sua encaminhou o seu nome ao grupo de pesquisas medianímicas do CIPES, com solicitações de orientação espiritual, enquanto ele estava entre nós, e, depois que ele desencarnou, solicitou notícias suas. Seguem algumas mensagens obtidas para o seu conforto, enquanto ainda doente:

1ª mensagem (psicografia)

Que Jesus te abençoe e fortaleça, irmão. As dificuldades que atravessas não estão em teu caminho em vão. Não há acaso no universo. A força de Deus a tudo mantém e as suas leis sábias a tudo presidem, determinando os acontecimentos. Não te suponhas à parte neste conjunto. Tua vida é preciosa e muitos são os acompanhantes invisíveis que te cercam, trazendo-te bons pensamentos e energias positivas. Não te permitas sintonizar com energias contrárias. Estaremos ao teu lado como sempre. Mantém a serenidade e ora com confiança. Assim criarás um clima propício à ação que desenvolvemos em teu favor. Recomendamos um tratamento espiritual em instituição espírita, onde há recursos mais amplos de amparo aos que sofrem.

2ª mensagem (psicografia – o médium fecha os olhos e, mesmo assim, consegue ler a solicitação colocada à sua frente e escreve o que vê, sente e ouve de seu guia)

Irmão, quanto sofrer!!!

A você deve ser dito que problemas de doenças nem sempre são problemas espirituais. Às vezes, o mau uso do corpo que lhe foi 'emprestado' por Deus causa danos e sofrimentos; portanto, anime-se e aprenda que as oportunidades são dadas a todos, e outras oportunidades terá para melhorar essa organização física. Comece compreendendo, ainda nesta vida, para melhorar em outras. Algum sofrimento ainda se prolongará até que a hora da partida chegue. Resigne-se e comece a estudar a fé cristã em seu verdadeiro sentido. Acredite mais em Deus e esteja ciente de que ele o ajuda na medida do seu merecimento, enquanto aí estiver. Cabe somente a você receber ou não a ajuda, quando para perto de nós vier. Irmão, tenha fé e esperança, pois a vida não termina, apenas muda-se de lugar. Jesus o ampare.

3ª mensagem (psicografia)

Aguardamos-te com alegria e esperanças de que não fiques na expectativa de resolução falsa, pois a tua situação já se mostra definida. Mais do que ninguém percebes o momento do retorno à verdadeira casa. Quantos amigos se preparam para receber-te e deves preparar-te também, para que esse momento seja de felicidade e paz. Nada mais te prende a esse mundo, por que relutas tanto? Tenhas fé e confiança no Pai Maior. Aguardamos-te felizes pelo teu regresso. Deus nos abençoe.

4ª mensagem (psicoscopia)

Vejo-o num consultório médico antigo. O médico tem botas marrons e calça bege, é um senhor com uma aparência de mais ou menos cinqüenta e quatro anos, estatura mediana, olhos azuis, rosto simpático. Trata-se do espírito dr. Fritz, entidade que tem me assistido nas tarefas de tratamento com psicocirurgia. O médico toma de um algodão com uma pinça e faz curativos nesse moço. Ele está com câncer. O médico espiritual banha o homem (nu), com um pano e água morna, limpando por dentro do corpo, da cintura para baixo, e depois joga o pano fora. Quando termina de fazer o curativo, ele diz: "Graça Jesus!"

Depois de um ano de sua morte, sua amiga solicitou notícias de seu amigo F.N.M., quando foram obtidas as seguintes mensagens:

1ª mensagem (psicografia), endereçada à própria amiga

Amiga,
Quanta felicidade neste reencontro!

Quero dizer-lhe que estou bem. Aliás, muito bem-adaptado a este ambiente maravilhoso onde me encontro. Amigos queridos do coração estão sempre comigo.

J..., há muita felicidade aqui, é muito bom, e melhor ainda é ver que podemos ajudar, continuar o intercâmbio de energias com as pessoas de que gostamos, mesmo que estejam encarnadas e nós, não.

Tenho recebido as vibrações das suas preces e como isso faz bem. Coloco aqui esta impressão para que todos saibam como isso é importante. É um verdadeiro bálsamo para as dores da saudade, que nos afligem também, é claro.

Gostaria de escrever muito mais, mas ainda não estou afeito a este tipo de tarefa. Sei que, aos poucos, poderei fazê-lo com mais facilidade, mas como esta é a primeira vez, dou-me por satisfeito. Quero agradecer-lhe esta oportunidade, fez-me muito bem. Que Deus a abençoe sempre!

F...

2ª mensagem (psicografia), que transmite um recado geral do espírito evocado

É preciso aceitar as determinações divinas, para colher o fruto da experiência. Pela existência circulam muitas criaturas rebeldes e inconformadas, gerando dificuldades, que se acumulam e se projetam, mesmo além da vida corporal. As lições da vida são claras, contudo. Cada elemento que nos cerca fala da transitoriedade das coisas na face da Terra. Aprendamos isso e renovemos o nosso íntimo, desapegando-nos de objetos e posições que só prevalecem nos cenários do mundo. A oração é sempre um bom remédio para a alma. Solicitemos sempre a ajuda do Alto, a fim de que a paz esteja em nós. Este é o recado simples do caro amigo F..., que já não pertence ao cenário terreno, mas que, com certeza, aprendeu um pouco com as asperezas do caminho que deixou para trás.

124 Sua amiga sentiu-se plenamente recompensada pelo esforço que fez, ajudando seu amigo das lides médicas junto às crianças. Sentiu-lhe a presença fraterna e a sua alegria de poder estar ali, com todos, deixando o seu recado de companheiro, renovado com novas luzes espirituais. Essa parte da identificação dos espíritos não pode ser desprezada, o sentimento que o parente, o amigo sente ao receber notícias de alguém muito querido, que já partiu para o além-túmulo. As mensagens também foram coerentes com o seu quadro clínico-psicológico, antes e depois de sua morte. Só que agora ele está bem mais vivo.

Suicídio sem Motivação Aparente

P. S. S., cinqüenta anos de idade, casado, suicidou-se há dezessete anos, sem uma motivação aparente que justificasse o ato. Passados todos esses anos, os parentes souberam da possibilidade de se obterem notícias e recorreram ao grupo de pesquisa do CIPES. Como havia o projeto de pesquisa justamente para a evocação dos mortos, esse caso poderia ser interessante, pois existem verdadeiros boatos de que não se podem evocar espíritos de suicidas, porque seria muito perigoso, como se o suicida fosse um monstro de maldades. Ao contrário, geralmente é um depressivo, um carente de afeto, um revoltado, mais sujeito à sanha dos obsessores que o comum dos mortais, merecedor de toda a nossa compaixão. A compaixão divina por esses infelizes é muito grande, visto que os espíritos benfeitores vigilantes aguardam, com paciência, o despontar da consciência deles para poder ajudá-los; inclusive se sabe que o espírito Maria de Nazaré mantém verdadeira equipe, colônias espirituais com a finalidade de resgatar esses pobres enfermos da alma de seus vales de sombras e de depuração.[19]

Allan Kardec, em seu livro *O céu e o inferno*,[20] evocou pelo menos nove espíritos de suicidas, demonstrando, inclusive, que eles receberam muita ajuda, como citaremos mais adiante, na discussão.

---

[19] Veja a obra *Memórias de um suicida,* de Yvonne A. Pereira, FEB, 1975.

[20] KARDEC, ALLAN. *O céu e o inferno: a justiça divina segundo o espiritismo.* 1967.

Verifica-se, portanto, que não há empecilho nenhum na evocação desses infelizes, que saíram da vida por conta própria, quando somos movidos por uma vontade de contribuir para o alívio deles e dos parentes preocupados. Colocamos em prática os procedimentos já estipulados. Eram, pelo menos, nove médiuns nessa varredura. Experimentamos todos.

1ª mensagem (percepção criptestésica), anotada pela própria percipiente ou médium

Nosso amigo P... agora [após alguns anos] encontra-se em boas companhias, que já o socorreram. Vem tendo assistência espiritual possível, graças a alguns méritos pessoais que, de uma forma ou de outra, acumulou em sua existência na Terra. Isso pesou muito na hora de receber o auxílio divino. Encontra-se em local próprio, adequado ao seu grau de desenvolvimento espiritual, sendo atendido. Muito em breve estará apto para dar seus primeiros passos, de forma mais liberta na espiritualidade.

2ª mensagem (psicoscopia), ditada pela médium ao doutrinador, que estava ao lado

Percebi um senhor de meia-idade, deitado, como que dormindo, mas consciente. Sua atitude é de expectativa, como se esperasse alguma coisa acontecer para que esteja bem e desperto verdadeiramente. Tentei chamá-lo, tocá-lo, mas ele não respondeu. Parece que fingiu não me ver. Pedi aos espíritos protetores que o despertassem e o conduzissem a um lugar adequado para que ele recebesse ajuda.

Como a médium não percebeu nenhum sofrimento ou região de sofrimento, parece razoável pensar que o espírito já estava no lugar adequado, como descrito na primeira mensagem. Queremos sempre o melhor possível e, nesses casos, não podemos ainda saber o que seria melhor para esse espírito.

3ª mensagem (psicografia intuitiva)

Esse irmão precisa muito de preces e irradiação positiva. Encontra-se ainda em situação muito difícil. Sente, ainda, as mesmas impressões de sofrimento do

momento em que desencarnou, se bem que mais brandas. Ainda não se libertou das grandes dificuldades existentes em si mesmo. Não tem noção precisa ainda das coisas, parece alheio [confirma a mensagem acima], sabe apenas que continua vivo e com seus problemas, embora não compreenda como isso aconteceu. Deus não abandona suas criaturas, aqueles que o amam e o antecederam têm intercedido por ele. No momento adequado ele conseguirá perceber a ajuda que lhe é endereçada.

4ª mensagem (psicografia)

O nosso querido amigo está amparado e protegido agora, pelos que o amam e que o precederam na espiritualidade [confirma a mensagem acima]. Passou por momentos difíceis no início de sua reintegração ao mundo espiritual, mas agora encontra-se melhor. Necessita, no entanto, de que os parentes e amigos que ficaram no campo terrestre enviem em sua direção preces de harmonia e paz, para ajudá-lo a se recompor mais depressa, aliviando as imensas saudades que o machucam muito.

5ª mensagem (psicografia telepática), captada por uma das médiuns, ao final da varredura, quando o espírito recebeu grande influxo de energia revitalizante, refazendo-se um pouco.

É como se uma grande nuvem houvesse me envolvido, adormecendo os meus sentidos; agora ela vai se dissipando e abre à minha frente uma visão nova, que me alivia. Não se preocupem; agora, tudo está bem. Continuem orando por mim. Isso me faz bem.

6ª mensagem (psicoscopia)

Tem o amparo dos amigos e parentes na espiritualidade, que o ajudaram muito, logo que chegou lá. Sente saudades dos que aqui deixou, mas está bem, fortalecido espiritualmente, graças ao conforto dos amigos que muito o ajudaram e continuam ajudando.

Estes resultados foram coerentes. Cada médium, em seu nível de percepção, foi relatando o que captou sobre o enfermo espiritual. Os parentes puderam ser informados com segurança. E, para alívio deles, o paciente já estava em plena recuperação. A partir desse caso, verificamos que Kardec ainda é o nosso grande instrutor e nos aventuramos a aceitar novos casos de suicidas. É gratificante poder dizer que foi possível ajudar esses grandes desesperados, que não esperaram pela providência divina.

Preces de Mãe

Recebemos uma carta de uma mãe, cuja filha havia se suicidado, e ela, a mãe, espírita, estava querendo ajudar a filha de algum modo, e não encontrava apoio nessa sua resignação materna. Resolveu escrever-nos:

Caros irmãos.

Muita paz!

Venho por meio desta pedir-lhes a caridade da prece. Minha filha G... jogou-se de um prédio e desencarnou horas depois, tendo tido tempo de arrepender-se. Estava com 20 anos e acreditava em Deus. Caridosa, salvou uma amiga de suicidar-se por várias vezes, com palavras de fé e apoio; tinha um carinho especial por crianças de rua e sempre uma palavra de força para quem precisasse. Só a Doutrina-Luz tem me sustentado nestes momentos de dor tão profunda! Saber que o nome dela estará em suas preces muito me confortará. Por piedade, por Jesus Cristo, por Maria de Nazaré, ajudem-me a ajudá-la. Gostaria de receber notícias dela. Por caridade, se conseguirem algo assim, estarei confortada.

O nome da moça foi submetido aos médiuns, mas apenas uma das companheiras definiu a situação e esclareceu os procedimentos a serem tomados no caso, aqui mais para ajudar a mãe, visto que a filha fora conduzida para uma situação bem afastada da convivência humana, a fim de ajustar-se à realidade espiritual. Evidentemente não está desamparada.

Mensagem única (psicoscopia)

A moça G... está muito longe, distante mesmo, foi conduzida para regiões agora inacessíveis para mim. Não há como chegar lá...[21] *Um momento, vejo alguém chegando na casa da mãe dela, alguém que tem muita afinidade familiar e que veio atender às preces, visto que elas não foram só pela moça, mas também pela mãe. Essa senhora não está conseguindo equilibrar seus pensamentos, para melhor ajustar-se à realidade do problema pelo qual passa. Ela tem que dar uma parada, meditar e procurar um ponto de equilíbrio. Ela deve buscar um ponto de referência. Diga a ela para meditar, procurando mentalizar Maria de Nazaré olhando para o seu filho na cruz. Precisa fazer isso, para que não se sinta assim tão perdida.*

Depois dessa percepção, mostramos a carta de d. R... para a médium. Ao tocá-la, a médium informou-nos que essa mãe recebeu muita ajuda espiritual. Ela não tinha coragem de escrever-nos, mas seus amigos espirituais, principalmente uma amiga muito querida, praticamente escreveram a carta para ela.

De posses dessas informações escrevemos uma carta para d. R..., logo que foi possível:

130 "Caríssima sra. R...

"Recebemos sua carta de 17 de agosto de 1994. Pode ficar certa de que amigos espirituais seus a ajudaram a escrevê-la. Fizemos uma consulta aos bons espíritos, médicos espirituais, que colaboram conosco, aqui no nosso grupo de pesquisa. Eles informaram que a senhora precisa guardar confiança em Deus, pois ele já providenciou para que sua filha fosse levada para região adequada às necessidades atuais dela, inacessível para nós, agora. Mas o certo é que foi conduzida a um lugar especial onde vai receber toda a assistência possível, até que esteja em condições de se recuperar dos danos que provocou a si mesma. Portanto, por agora, nada mais a fazer senão preces de carinho e amizade para o seu espírito. Entregue-a nas mãos de Deus e pense sempre positivo, para que o desânimo e a desesperança não caiam sobre a senhora, pois nessa condição em que está, pouco poderá ajudar. Procure sintonizar, em suas preces, com a figura de Maria vendo o seu filho na cruz, entendendo o significado do

[21] Entenda-se bem, foi inacessível para a médium, naquele dia e naquelas circunstâncias, mas não impossível. Os guias, com certeza, entenderam que não seria conveniente trazer o espírito, por motivos vários.

sofrimento de mãe, sem lágrimas, com abnegação, resignação, sem revolta, apenas paz, pois Deus, acima de tudo, é Pai amoroso, justo e bom. Sempre temos pessoas amigas por perto, aproveite bem essas amizades para que possa fortalecer mais o seu ânimo, agrupando-se para o trabalho cristão. Que Deus nos abençoe a todos. Prossigamos firmes nas tarefas de amor ao próximo."

Logo que pôde, algumas semanas depois que recebeu a carta acima, a sra. R... respondeu-nos com uma nova missiva:

Caros irmãos:

Muita paz!

Recebi a carta de vocês, o que me deu muito alento. Tenho seguido o conselho de vocês e sintonizado com "Maria vendo o seu filho na cruz". Estou tentando, irmãos, ser forte e passar coragem para a nossa G... e o resto da família. Abrimos em nosso centro espírita uma reunião especial para esses nossos irmãozinhos que se equivocaram fugindo à vida. A mentora de nosso grupo é o espírito Ivone Pereira. Se o querido irmão souber do nome de algum desses nossos irmãozinhos que abandonaram voluntariamente sua caminhada nesta encarnação, mande-nos o nome, se possível a idade, dia do óbito e local onde praticou o ato. Continuem em suas preces, lembrando-se de nossa G... Obrigada pelo interesse e que Jesus Cristo os ampare e fortaleça, agora e sempre.

Quando os corações estão prontos para ajudar o próximo, mesmo o mais atroz sofrimento não constitui barreiras. Vem a dor e ela é devolvida em forma de trabalho, e bem específico neste caso. A irmã aceitou as sugestões e partiu para a ação. O importante é que a informação veio com tal precisão que não deixou dúvidas no que havia de se fazer.

Como não evocar o nome dos mortos? Não existem casos difíceis para Deus e, se Deus é por nós, que temos de temer? A caridade deve falar mais alto do que qualquer dogma que nos queiram imputar, como esse, que existe desde os tempos bíblicos, da proibição de se evocarem os mortos. Providenciemos as condições apropriadas de trabalho e sigamos as trilhas seguras de Kardec.

Avô Amigo

P. V. R., nascido em 12 de abril de 1906, desencarnou em 2 de maio 1991, vitimado de um enfarte fulminante. Foi um homem que não se deixava vencer pelo desânimo, nem mesmo após ficar cego aos quarenta anos, já com família constituída de cinco filhos. A princípio, fraquejou, tentando o suicídio, por se achar um estorvo para a família. Mas, amparado por esta, refez-se.

De família católica, transmitiu a todos um sentimento muito profundo de religiosidade. Ao ficar cego, exercia a profissão de viajante, representando firmas de tecidos. Após o episódio, entretanto, não se entregou à inutilidade, começou a fazer perfumes, e ia, em companhia de guias, visitar as freguesas do local onde morava, vendendo o fruto do seu trabalho. Juntamente com o perfume, levava também uma poesia, pois era poeta e gostava muito de fazer quadrinhas de improviso, o que agradava muito as pessoas a quem visitava.

Após ter passado pelos momentos difíceis de adaptação às novas condições de vida e sobrevivido às duas tentativas de suicídio, espiritualizou-se mais e mais, vindo até a ter um guia espiritual com quem conversava e se aconselhava. Uns quinze anos após ter ficado cego, teve a oportunidade, através de um amigo, de fazer a cirurgia para recuperar totalmente a visão, com todas as despesas pagas, mas recusou a oferta, dizendo que tinha ficado cego porque precisava e essa prova fez com que abrisse os olhos para a verdadeira vida. Completou dizendo que não ia conseguir mais adaptar-se ao novo mundo que iria ver com os olhos curados.

Em setembro de 1997, sua neta pediu notícias dele ao grupo de pesquisa do CIPES.

1ª mensagem (psicoscopia), confirmada por três médiuns

Os médiuns viram que ele ficou algum tempo hospitalizado no mundo espiritual, refazendo-se da doença e da dor que levou do mundo físico. Agora está numa fase de aprendizado no mundo espiritual e se encontra bem melhor, em atividade útil, procurando compreender a sua nova vida e resolver suas questões com a lei divina.

2ª mensagem (psicografia)

Querida neta,

Quanta felicidade em poder estar ao seu lado e, mais do que isso, ter a chance de trabalhar efetivamente numa tarefa tão importante quanto a produção de um livro, que ajudará a aliviar, trazer novo ânimo, acalmar e mostrar que a vida continua do 'lado de lá', que morrer não é o fim, e sim, o recomeço, a retomada de uma vida na eternidade. O que mais posso desejar? É muito para quem pouco fez por merecer. E, por isso, vou procurar dar tudo de mim. O que puder, para ajudar ao máximo na tarefa. Que o mestre Jesus, em sua infinita sabedoria, possa nos abençoar. Abraços saudosos de seu avô.

P...

Esta mensagem foi mostrada para o filho mais velho do sr. P... que, após ter tomado conhecimento de seu conteúdo, exclamou, com a voz embargada pela emoção: – São palavras dele, se ele fosse dizer isso, diria desta forma! Aí está uma forma de sentimento que ajuda na identificação do signatário espiritual das mensagens medianímicas. P... tem-se comunicado também com outras pessoas de seu convívio aqui na Terra, pelos recursos da mediunidade.

Esse espírito muito tem ajudado na execução deste projeto. Como é bom poder contar com amigos do mundo espiritual, que se oferecem para partilhar conosco de um trabalho. Há muita vantagem em se cultivar a mediunidade, controlando-lhe a força, dando-lhe direção, mostrando aos médiuns onde erram e onde acertam, pois que, assim, colhe-se, com uma grande margem de segurança e confiabilidade, a participação dos espíritos. Ora, se somos espíritas, por que não deixar que os espíritos participem mais de nossos estudos e trabalhos? Kardec já deixou bem estabelecidas as leis de intercâmbio com os espíritos, dando uma boa garantia de êxito. Na verdade, acreditamos que uma nova leitura das obras de Kardec deveria ser feita, visto que, atualmente, muitas das questões resolvidas pelo Codificador estão sendo esquecidas.

Notícias de um Suicida

I. C., de cinqüenta e nove anos de idade, suicidou-se em 10 de outubro de 1990, deixando preocupação para os familiares. O suicida não pensa no sofrimento que deixa para trás, pois muitas vezes não avalia o quanto é amado e querido. Os familiares sofrem, não só a ausência, mas a vergonha da covardia do parente que se afastou, por não suportar as provações. A filha, espírita, saudosa e preocupada, querendo saber sobre a situação de seu pai, solicitou notícias:

Não sei se o que peço vai além das possibilidades, mas gostaria muito de obter notícias a respeito de meu pai, que desencarnou por suicídio. O fato ocorreu no dia 20 de outubro de 1990. Na época, eu estava iniciando meus conhecimentos sobre o espiritismo. Sabendo das implicações que o suicídio envolve, sempre procuro, em minhas preces, pedir por ele. Passados quase cinco anos, nunca busquei saber notícias da sua condição, pois sempre me limitei a ajudá-lo com preces, em seu benefício. Meu pai chegou ao suicídio por forte depressão. Gostaria de obter notícias, não no sentido meramente especulativo, mas para saber se o seu estado atual já é o de um socorrido, ou se está à mercê de espíritos inferiores, pois até me surgiu a hipótese de que os obsessores que atuaram na época do suicídio estejam ainda agindo sobre outros familiares meus, que também sofrem de depressão. Desculpe-me se ajo de forma a imaginar coisas, mas sabemos que a vida espiritual não transcorre independente da nossa vida na matéria e dos laços de família, unindo os espíritos afins. Unicamente com o espírito de auxiliar, peço-lhe que investigue, se Deus permitir, a condição espiritual do meu pai, para, quem sabe, podermos amenizar, com o entendimento dos fatos, as dores atuais. Sem mais para o momento, despeço-me com um abraço fraterno.

N. C.

1ª mensagem (psicografia), obtida pelo médium, influenciado por seu guia espiritual e com os olhos fechados, sem ver o que estava escrito à sua frente

Os familiares do nosso irmão devem se reunir em dia e hora marcados, objetivando a prece direcionada aos espíritos protetores. Isso facilitará ajuda e o alimento espiritual necessários nestes momentos difíceis a que está exposto esse companheiro. Individualmente seus familiares deverão proceder da mesma forma, pois as dificuldades e as necessidades atuais do paciente fazem com que ele precise de muitas orações. Ele precisa ter forças e decidir qual a direção irá dar a essa nova vida em que ele se encontra.

2ª mensagem (psicografia)

Ultrapassar os umbrais da vida maior não significa transformar-se de modo mágico. O que fica é o corpo físico. A alma mantém seus caracteres e particularidades que marcavam a personalidade no mundo, até que novas experiências lhe acrescentem novas aquisições à bagagem íntima. Nosso companheiro está numa jornada de aprendizagens mais amplas. Prepara-se para dar continuidade a seu processo de crescimento. O afeto dos familiares vem sendo elemento motivador, pelas trocas energéticas que se realizam pelo pensamento. A oração é sempre recurso precioso para amenizar a saudade. Todos estamos irmanados em Deus. Continuem firmes. O Pai vela por todos nós.

3ª mensagem (psicografia)

Caminhos difíceis aguardam o suicida, bem sabes, cara amiga. A caminhada de seu pai não foi diferente. No entanto, muitos amigos e as tuas preces de intercessão ajudaram bastante no resgate recente. Ele passa por fase de recuperação e adaptação, ainda um tanto lenta. Tem recaídas, vez por outra, mas está indo bem. Recomendamos que os familiares enviem em sua direção preces e pensamentos positivos, irradiações boas. Isso o acalmará mais e o ajudará num refazimento mais rápido. Confia no Pai Maior, cara amiga, e entrega o teu pai querido aos cuidados de Maria e a seu filho Jesus, o Mestre. Estamos trabalhando em favor de todos.

As mensagens foram coerentes e dão certeza, à filha saudosa do pai, de que ele está devidamente amparado, dentro das possibilidades atuais. Ele, embora enfrentando condições psicológicas severas, já foi resgatado de 'regiões' mais pesadas e está sob vigilância de abnegados servidores (a referência ao espírito Maria de Nazaré dá a entender que as equipes socorristas especializadas na recuperação dos suicidas estão sob sua tutela, como já foi revelado pela médium Yvonne A. Pereira, no livro Memórias de um suicida). A simples certeza vibratória que é passada pelas mensagens aceitas traduz sentimento de paz e segurança na providência divina. Nesse caso, o espírito do suicida não tinha condições de comunicar-se com sua família e isso também não foi permitido, por razões óbvias. Os suicidas não devem permanecer próximos aos parentes ou a quem quer que seja, pois suas mentes derrotistas deixam resíduos perigosos, ainda mais se houver, na própria família, tendências mórbidas para a depressão, daí a necessidade de logo serem afastados do convívio dos encarnados.

Solicitude pelo Marido

"Prezado dr. Palhano:

"Por intermédio de pessoas caridosas que possuem um espírito elevado, tomei conhecimento dos trabalhos espíritas que vem desempenhando com sua equipe. Tomei a liberdade de lhe escrever, suplicando orientação aos espíritos de luz. Sou viúva, tenho quatro filhos e moro na cidade de Colatina. Meu esposo, Alberto Loss, morreu há três anos, em um acidente de carro. Desde então, senti que as coisas não vão muito bem e tenho sonhado constantemente com meu marido, sinto como se ele estivesse dentro de casa, tentando ajudar-me, principalmente nos momentos mais difíceis, de indecisões, quando estou sem saber onde e como resolver os problemas. Mesmo quando tento dar um cochilo durante o dia, sonho com ele. Já estive numa casa espírita, onde me disseram sobre a presença dele em casa, tentando ajudar os filhos, mas que ele também precisa ser ajudado. Tenho orado diariamente, mando celebrar missas sempre, não me esqueço de sua alma. Mas não sei mesmo o que fazer para ajudá-lo. Gostaria, se for possível, de receber notícias dele, se ele já foi socorrido, se já recebeu alguma ajuda espiritual. Ele sempre foi um pai muito responsável, uma boa pessoa, embora tivesse problemas como todos nós, seres humanos. Em vida, sempre pediu que seu corpo fosse cremado, deixando por escrito essa sua vontade. Seu corpo foi levado para São Paulo, onde foi cremado. Faleceu em 23 de fevereiro de 1993.

"Gilva M. Loss"[22]

[22] A sra. Loss autorizou a citação de seu nome e do de seu marido.

1ª mensagem (psicoscopia)

Sinto-o muito presente, como se ele estivesse sempre por perto. Algum tempo depois que desencarnou, pôde ser socorrido. Encontra-se fortalecido, depois da grande assistência recebida no mundo espiritual. Sente muita saudade, mas encontra resignação nas vibrações de carinho e de amizade, que vem recebendo dos familiares e amigos da Terra e dos que reencontrou em sua nova morada.

2ª mensagem (psicoscopia)

Ele apresentou-se muito surpreso em ter a oportunidade de dar notícias. Há muito tempo ele desejava comunicar-se. Sempre que pode, visita sua família terrena e é percebido por alguns de seus familiares. Está bem, já passou pela fase de adaptação e está em atividade, numa tarefa que gosta de realizar. É um trabalho de doação fraterna. Embora sinta muitas saudades ainda, diz que a fé em Deus é maior do que qualquer dificuldade. Emocionado, manda um grande abraço a todos os de casa, para sua esposa, seus filhos, todos. Agradece a este grupo amigo a oportunidade, esperando voltar mais vezes.

3ª mensagem (psicografia)

A morte do corpo representa libertação para todo aquele que busca aplicar-se às aquisições espirituais. O tempo de perturbação que se segue ao desenlace nunca é longo para os que em vida cuidaram de abrir os próprios olhos à realidade da alma. As dificuldades da separação estão na saudade da proximidade física que se torna impossível, mas, com fé no coração, torna-se fácil superar todos os limites e voltar a sentir as vibrações afetuosas dos familiares. O que se pede do cristão é o esforço de renovar-se, esteja ele na carne ou no mundo espiritual.

O que temos, senão a descrição das condições atuais desse espírito hoje. Sua esposa alegrou-se ao receber essas notícias, pois percebeu que estava agora tudo sob controle e o seu saudoso marido estava bem. Ele vinha mesmo vê-la, tentava ajudar diante das dificuldades apresentadas, mas, mesmo para um espírito, não é fácil colaborar com os encarnados, quando não se tem ainda o devido preparo. A presença espiritual pura e simplesmente não basta, há necessidade de um treinamento, conhecimento das leis de intercâmbio mediúnico e das que regem as interações entre as duas dimensões. Acabou, portanto, aquela ânsia de comunicarem-se, dos dois lados. Ele ficou até surpreso diante da chance de enviar notícias para os familiares. Eis um dos principais motivos da consolação espírita, tanto serve para os que estão do lado de cá, quanto para os que já estão lá.

Julieta Neves Gomes

Falecida no dia 15 de fevereiro de 1990, aos sessenta e quatro anos de idade, deixou saudade na filha Darlene Neves Gomes,[23] espírita, com uma folha de serviço espírita de dedicação e devotamento. Darlene deixou um bilhete, esperançosa de obter notícias de d. Julieta. O nome da nossa irmã desencarnada foi entregue para três médiuns.

1ª mensagem (psicografada)

A companheira encontra-se ainda afetivamente muito apegada aos familiares, e isso está obstando a que se reajuste mais facilmente à sua nova condição. Ela precisa ainda de vibrações de paz e serenidade em sua direção. Sugerimos que seja mantido o hábito da oração em família, na busca de um novo entendimento da vida. Esse procedimento facilitará a compreensão de todos a respeito da vida espiritual, ao mesmo tempo em que a irmã lembrada terá chance de apaziguar seus problemas íntimos e libertar-se, harmonizando-se.

2ª mensagem (psicografia intuitiva)

A nossa irmã desencarnou, carregando muita mágoa com relação ao seu companheiro, pelo qual nutria um sentimento bastante forte, vindo já de outras vidas. Pessoa simples, de pouca instrução, nesta última existência, porém dotada de grande sensibilidade e argúcia. Sentia-se injustiçada pelo fato de doar-se muito e

---

[23] A nossa cara amiga Darlene autorizou a publicação do seu nome e do de sua mãezinha.

receber pouco, em termos de afeto. Mãe dedicada, ainda não se desligou totalmente dos filhos, vive e sofre o problema de cada um, sentindo-se impotente para auxiliar. É um pouco rebelde e isso tem dificultado bastante a ajuda espiritual. Precisa receber preces constantes e o pensamento carinhoso de todos.

3ª mensagem (psicografia)

Minha filha querida:

Gostaria de poder deixar aqui frases bonitas e cheias de ensinamentos profundos, como você desejaria receber, cara filha, no entanto, não me encontro em condições ainda para isso, nem mesmo para estar junto ao mensageiro amigo, que serve de intermediário para que eu passe estas palavras, que lhe envio através de amigo espiritual, que gentilmente se colocou à minha disposição para isso.(1) *Querida, encontro-me já refeita das dificuldades que tive, após a minha 'passagem' para esta outra vida, para este mundo do lado de cá. No início, foi muito difícil, ver-me viva e afastada de todos os que eu amo, não conseguia raciocinar direito e entrei num estado de depressão e desânimo.*(2) *Em vão, amigos queridos vieram amparar-me e reanimar-me. Até que, aos poucos, fui entendendo e aceitando a nova situação em que me encontro agora. Voltei a interessar-me pelas pessoas e pelo trabalho e procurei engajar-me em pequenas tarefas de auxílio ao próximo. Hoje, posso dizer que estou bem melhor, satisfeita com as atividades que me foram legadas, e trabalho assiduamente para equilibrar-me cada vez mais. Mas a saudade ainda machuca muito e, por isso, não posso ainda me aproximar muito dos que amo e que permaneceram aí. Mas tenho tido notícias de todos. Quero deixar aqui um abraço carinhoso e um beijo para cada um de vocês. Espero poder estar mais próxima de todos, o mais breve possível. Tenho trabalhado muito para isso. De agora em diante procurarei enviar, através do fio do pensamento, a você, os meus carinhos e mimos, pois sei que poderá estar mais tranqüila e receberá em paz estas vibrações.*(3)

Observações da filha Darlene com relação à terceira mensagem acima:

(1) – "Eu não esperava que ela pudesse mesmo passar-me mensagens de orientação ou de grandes significados espirituais, pois pressentia que ela não estava em condições psicológicas boas ainda."

(2) – "Sonhei que estávamos sentadas em dois bancos de jardim, dispostos em 'L' e conversávamos. Ela desabafava sobre os problemas que ainda a afligiam. Havia dor e choro de nós duas. Sentia

muita pena dela e culpa, ao mesmo tempo, por não ter entendido devidamente os seus problemas e as suas dores, quando ela estava encarnada. Este sonho foi um dos motivos que me levou a pedir notícias dela."

(3) – "Isso realmente aconteceu. Estou bastante tranqüila em relação a ela. Freqüentemente sinto suas vibrações, muito amor e muito carinho."

Há que se dizer, por um momento, que essa senhora, em vida, era uma dona de casa e, como ela, existem milhares de pessoas, que tomaram conta de suas vidas, de suas missões junto às suas famílias. Contudo, nem todas tiveram a oportunidade de enviar um recado *post-mortem* para um filho, transferindo carinhos e afetividade. Há um jogo de sentimentos e desencontros, mágoas guardadas e saudades incontidas. É o nosso próprio retrato, quando estamos desavisados das realidades espirituais e passamos a vida a nos preocupar apenas com os problemas mais imediatos, sem alimentar o coração com os recursos do desapego, eliminando todos os sentimentos de posse que nutrimos uns pelos outros. Como será que sua filha recebeu estas mensagens?

O que se passou, então, foi muito interessante. Ao acabarmos de escrever a última pergunta acima, pensamos em telefonar para nossa amiga Darlene, justamente para podermos obter as respostas. Mas o telefone estava sempre dando sinal de ocupado. Como precisávamos mesmo entregar alguns documentos a ela, aproveitamos e fomos até o seu estabelecimento comercial. Meia hora depois, lá estávamos. Ao tocar no assunto de sua mãe, dizendo que gostaríamos de ter a sua permissão para as devidas citações no livro que elaborávamos sobre a evocação dos 'mortos', ela perguntou:

– Você veio aqui para perguntar sobre minha mãe, não é?

– Sim! Como sabe?

– Porque há meia hora pareceu-me que ela estava junto de mim, percebi-a muito bem e cheguei até a emocionar-me, deixando cair algumas lágrimas.

– Há meia hora, exatamente, telefonei para você, mas o telefone estava sempre ocupado, então resolvi vir até aqui, conversar diretamente. Por falar nisso, o que sentiu você quando leu as mensagens medianímicas sobre sua mãe?

– Fiquei contente, pois tranqüilizou-me saber que ela estava adaptando-se bem, no mundo espiritual.

– Desculpe-me perguntar, mas por acaso ela tinha alguma mágoa muito forte contra alguém? Do marido, por exemplo?

– Muita! Muita mesmo! Como soube disso?

– Está numa das mensagens que um dos médiuns recebeu. Não a enviei para você na época, para não causar-lhe embaraços. Enviei-lhe apenas as mensagens que continham a força do reconforto de que você precisava.

– Posso ver todas as mensagens agora?

– Pode. Assim que o capítulo sobre sua mãe ficar pronto, enviar-lhe-ei uma cópia, visto que agora você já sabe que sua mãe, depois desse tempo todo, já está bem e até já se apresentou para você. Obrigado por permitir que o exemplo do seu caso possa participar deste trabalho, que irá levar consolação para muitas pessoas que perderam seus entes queridos e não têm noção da vida além, e nem de como entrar em comunicação com os seus 'mortos'.

Assalto com Morte

Dario Goren Müller,[24] desencarnou no ano de 1990, durante um assalto, quando também teve o seu carro roubado. Os familiares ficaram inconformados. Seus filhos permaneciam exigindo a sua presença e seus pais permanecem na revolta íntima da inconformação. A irmã, que é espírita, sabendo-o também espírita, mas de pouco tempo, preocupou-se em saber do seu destino no mundo dos espíritos. Sabendo do projeto de evocação dos mortos, escreveu para o CIPES, pedindo notícias do Dario.

1ª mensagem (psicografia)

A morte representa sempre uma dificuldade para aquele que precisa deixar o mundo. Acostumado aos referenciais do corpo físico, a princípio parece estar o indivíduo vivendo um terrível pesadelo. Mas aos poucos é possível serenar-se, para que o processo de adaptação inicie seu curso. Faz-se importante ter em família todo o cuidado, para que energias desequilibrantes não dificultem esse processo. Todos temos amparo e proteção para transpor os umbrais da vida maior, mas raros conseguem fazê-lo com serenidade. É importante que os familiares guardem no coração a certeza da continuidade da vida e busquem na oração a força necessária para a manutenção do equilíbrio emocional.

A médium aqui transcreveu as observações espirituais sobre o estado mental dos familiares, sem saber exatamente o que estava informado no prontuário.

---

[24] Nome fictício para evitar identificações familiares nos que ainda não aceitam as possibilidades espíritas do intercâmbio com os espíritos.

2ª mensagem (psicografia intuitiva)

Nosso irmão ainda apresenta dificuldades com relação ao fato de estar desencarnado. Muito apegado aos hábitos, pessoas e preocupações terra-a-terra, sente muita tristeza por sentir-se exilado do seu mundo. Busca de modo corriqueiro estar no ambiente familiar, porém, apresenta um desequilíbrio emocional que acaba por perturbar involuntariamente os que com ele se afinam mentalmente. Ainda passa por crises devido à sua tristeza, quando sente com muita força os mesmos distúrbios pelos quais passou no momento de sua desencarnação. Os familiares devem tentar auxiliá-lo com preces e vibrações de amor, principalmente quando sentirem, de alguma forma, a sua presença (lembranças fortes). Com o tempo e com a ajuda de todos, nosso irmão irá superar essas dificuldades que vêm sendo trabalhadas por seus orientadores, junto a ele, na espiritualidade.

Esta outra médium praticamente captou as informações semelhantes às obtidas na primeira mensagem. Fato que vai confirmando a veracidade da situação desse espírito.

3ª mensagem (psicoscopia)

Passou por momentos difíceis e dolorosos, mas reconhece que a atenção, o carinho e o amor que recebeu na colônia espiritual em que foi resgatado o ajudaram muito. Hoje, ele já participa de grupos de estudo e de apoio psicológico. Sente que já amadureceu bastante e pode dizer que está muito bem, diante do estado em que estava, quando foi recebido. Gosta dos amigos e da vida na colônia. Ainda existe a saudade, mas já está mais fácil lidar com este sentimento.

4ª mensagem (psicoscopia)

Nosso irmão encontra-se num estágio de tratamento e de adaptações no mundo espiritual. Está amparado, entretanto necessita ainda das preces dos seus familiares queridos, em seu favor. Por isso é que eles precisam equilibrar-se mais, a fim de poder ajudar e não apenas sofrer e transferir sofrimento.

5ª mensagem (psicografia)

A partida do mundo terreno, em muitos casos, é dolorosa e angustiante para aqueles que não se preparam convenientemente, durante a permanência no corpo físico. Nunca se interessando pelos assuntos espirituais, não conseguem vislumbrar a vida após a morte, como uma realidade. Quando se deparam com essa realidade, vêem-se na condição de devedores diante da lei divina e desesperam-se. Contudo, a misericórdia divina favorece todos nesses momentos da vida e vêm em socorro muitos amigos que vivem no mundo espiritual e que acompanham de modo dedicado a caminhada de cada um sobre a Terra. Acolhem os que chegam, aconchegam, amparam e providenciam o bálsamo espiritual que arrefece o sentimento, a lembrança, a saudade, a revolta, as idéias preconcebidas que os recém-desencarnados costumam abrigar nos escaninhos da vida mental. Assim amparados, começam a vivenciar uma fase de adaptação, quando, então, mais calmos, serenos, mantêm-se mais equilibrados para uma troca efetiva com os que deles, da Terra, se lembram.

Nesta fase, esse espírito foi visualizado pelos médiuns num plano próximo à Terra, ainda não conseguindo aceitar bem sua situação e tendo crises, de vez em quando. Um tanto infeliz, transmite essas vibrações para os seus pais e filhos, acabando por trocar essas energias com eles, produzindo perturbações. Mas, com essa evocação, houve uma ajuda energética, tanto para o espírito, quanto para os familiares, possibilitando, mais tarde, que ele próprio enviasse uma mensagem para sua irmã, mostrando-se mais renovado e feliz:

Querida irmã:

Como tem acontecido com muitos que não se preparam devidamente para a grande viagem, assim também aconteceu comigo. Não pude e não quis acreditar na imortalidade da alma e, no momento derradeiro da 'morte', senti que seria o meu fim. Porém, quando acordei do 'outro lado', e verifiquei estar mais vivo do que nunca, fiquei completamente confuso, desesperado, alarmado. Em meu socorro vieram amigos espirituais dedicados, que me transportaram cuidadosamente para uma espécie de 'casa de repouso e readaptação', onde passei um bom período. Agora, acho-me instalado em região próxima da Terra, numa cidade pequena onde a finalidade maior é amparar os que chegam das unidades de repouso, dos hospitais espirituais, já em condições de readaptação. Atualmente, tenho algumas tarefas junto a esses irmãos que chegam e que, como eu, tiveram dificuldades na aceitação da nova condição existencial. Estou feliz com este trabalho, sinto-me útil e isso muito me tem ajudado. Quero enviar a você, e a todos os nossos daí, um abraço forte e um beijo, com toda a saudade que sinto de todos. Lembre-se de que estarei aqui a orar por todos e peço que também orem por mim. Um abraço e um beijo do seu irmão, que muito lhe quer.

Dario

Vieram notícias dele, informações e percepções medianímicas. Ele ainda não estava em condições boas para uma conversa ou uma mensagem. Tempos depois, ele mesmo mandou sua mensagem, quando os familiares, principalmente sua irmã, solicitaram novas notícias. O que seria mais necessário? O reconforto da notícia acalma e sossega o coração saudoso. Santa doutrina que descortina os véus que cobrem as nossas mentes para a vida espiritual.

Um Jovem em Dificuldade

Incluiremos aqui este caso de evocação de um 'vivo', com a finalidade de demonstrar que, em momentos de emancipação, a alma pode comunicar-se e ser evocada, como se o fosse como a um 'morto'.

Em outubro de 1997, o nosso grupo de experimentações medianímicas do CIPES recebeu um pedido de socorro de uma mãe, que, através de uma carta, fez com que chegasse a nós um comovente apelo por seu filho, um rapazinho de quinze anos de idade. Ela já havia nos procurado uma vez por causa de outros problemas, mas agora era por causa do jovem.

Seu filho já havia recebido orientação da escola de evangelização espírita, possuía algum conhecimento espírita, contudo negava-se a freqüentar o centro espírita e também a própria reunião, para estudos do evangelho no lar.

Informou-nos a mãe que, desde os seus primeiros anos de vida, ele apresentou crises nervosas, algumas com certa agressividade, raiva mesmo. Fez tratamento neurológico, visto que os seus exames acusaram uma certa disritmia, mas discreta, sendo orientado a ingerir medicamentos controlados.

Mostrava-se um jovem introvertido, permanecendo dentro de seu quarto por várias horas, ouvindo músicas *pop* agitadas, e tocando sua própria guitarra. Filho de pais separados, apresentava um estranho sentimento de ódio contra seu próprio pai. Sua mãe informou de modo expressivo: "Ele odeia o seu pai." Na verdade, seu comportamento era um tanto agressivo com todos, inclusive com os próprios irmãos. Quanto aos estudos, dizia: "Não tenho cabeça para estudar!" No entanto, é inteligente. Uma outra característica do seu comportamento era que dormia de dia e não dormia à noite. Indagamos se ele consumia drogas, ela informou que não, pois era caseiro e não tinha dinheiro.

Com essas informações, convocamos três dos médiuns que freqüentavam as sessões de pesquisa e, num momento de varredura medianímica, pedimos que procurassem perceber as dificuldades desse jovem. Ao citar o nome dele, as médiuns detectaram o problema imediatamente. Disse uma delas:

– Ele está revivendo problemas criados no passado por ele mesmo e o seu pai está envolvido nessa questão. Ele e o pai estão em litígio, brigam por questões passadas. Quando saem do corpo, nos momentos de sono, procuram-se e se atracam. O jovem tem medo do próprio pai, por causa dos acontecimentos passados. Quando o jovem sai do corpo, emancipa-se nos momentos do sono, à noite, e se lembra perfeitamente do que esse, que é atualmente o seu pai, fez de ruim para com ele. Ele odeia o pai e não quer perdoá-lo. Ainda tem medo, pois esse ódio evoca o passado que ele não quer esquecer nem perdoar. Essa atitude mantém o fluxo das cenas criminosas do passado para o presente.

A segunda médium envolvida ia confirmando tudo, pois também havia percebido essas causas como sendo a base da perturbação do moço: "Trata-se de uma auto-obsessão; ele tem medo, não perdoa e reage. Ele não dorme à noite por causa disso, prefere dormir de dia. Foge."

A primeira médium, que havia iniciado o relato medianímico, mostrando-se num certo transe, disse:

– Sinto que posso trazê-lo aqui. É como se eu pudesse conversar com ele.

Tentamos então a evocação do seu espírito, visto que sua mãe havia informado que ele trocava a noite pelo dia. Evocamos o seu nome e pedimos as médiuns que procurassem percebê-lo. Elas desdobraram-se de seus corpos e apresentaram-se a ele, que, evocado, estava fora do corpo (veja a pergunta 420 de *O livro dos espíritos*). Perguntamos se ele podia nos ouvir e a resposta foi positiva. Começamos a conversar com ele, dizendo-lhe que precisava perdoar o seu pai, acalmar o coração...

– Quem são vocês?...

As médiuns informaram que ele as havia percebido e, ao mesmo tempo, que ouvia uma outra voz que lhe falava. Ele, então, pensou: "São três!" E quis correr. Uma delas o segurou pelo braço e ele se acalmou, aceitando a conversa.

– Somos amigos e queremos, em nome de Deus, ajudá-lo.

– Vocês não sabem em que estão se metendo, não sabem o que ele fez comigo!...

– Sabemos. Mas você também tem culpa nessa história, visto que Deus é justo e não deixa que existam vítimas inocentes. Pensa bem. É o momento certo para que você reformule seus sentimentos. Perdoa o seu pai, pois ele já o perdoou. Tudo aquilo que aconteceu não vai acontecer de novo.

– Como assim?!

– Ora, pense bem!... Ele aceitou recebê-lo como filho, cuidou de você, isso já não é um perdão? Agora é sua vez de perdoar.

– Eu preciso de ajuda, vocês vão me ajudar?

– Claro, estaremos com você, sempre. Seja forte, Mas é preciso que se acalme, tenha esperança em dias melhores.

– Vocês são anjos?

– Somos amigos, por parte de Deus. Fique em paz agora. Perdoe e verá como irá dormir melhor, sem problemas. Descanse agora, durma bem, um sono tranqüilo. Que Deus o abençoe.

As médiuns saíram do transe e narraram suas percepções, complementando as orientações, que foram enviadas à mãe do jovem.

No final da sessão, um espírito orientador nos disse que havíamos conseguido sensibilizar o rapaz e que a ação tinha sido eficaz.

O terceiro médium psicografou uma mensagem espiritual endereçada ao jovem, certamente conduzindo o reforço vibratório devido:

Caro amigo:

Relembra as lições do evangelho que recebeste, possibilitadas por tua mãe e alimenta o bem que há em ti. Recorda que a palavra de ordem de nosso mestre Jesus é o perdão, principalmente em relação àqueles que estão juntos a nós, na caminhada terrestre. Não alimentes angústias e ódio em teu coração, ouve a tua consciência e os conselhos dos teus espíritos protetores, que nos guardam a vida para que cresçamos espiritualmente. Todos os dias, antes de deitar-te, medita no evangelho que aprendeste e ora a Deus, pedindo paz e sabedoria para os teus dias. Estamos sempre contigo em nome de Deus e de Jesus Cristo. Paz!

Posteriormente, telefonamos para sua mãe e ela disse que ele parecia mais calmo e que, inclusive, não estava mais tão agressivo para com ela, e que passou a dormir melhor à noite, embora se mostrasse, ainda, um pouco rebelde. Foi o que ela nos confirmou pessoalmente, depois de alguns meses.

O que temos aqui senão a evocação de um espírito encarnado,[25] no caso, para acalmá-lo e reconduzi-lo aos caminhos da paz? É por essas trilhas abertas pelo espiritismo que temos de prosseguir na busca de uma ação cristã, sem medos ou receios, sabendo que todos estamos sendo amparados pela luz divina.

[25] Veja a pergunta 420 de *O livro dos espíritos*.

Um Jovem Desencarnado

Ronaldo Silva Pereira,[26] jovem de dezoito anos, desencarnou num acidente automobilístico, quando trafegava em sua cidade, numa noite de 1994. Perdeu a direção de seu carro, que bateu num obstáculo. Ele faleceu devido a um traumatismo craniano. Seus pais, ansiosos por notícias, queriam saber se estava bem, conformado, se sentia saudades dos familiares, se já estava consciente de sua nova situação. Essa solicitação de notícias foi feita dois anos após a desencarnação do jovem.

1ª mensagem (psicografia)

Nosso irmão está sob a proteção de benfeitores espirituais e reajusta-se pouco a pouco à sua nova realidade. A vida continua no plano maior e cada um de nós precisa estar em harmonia com os propósitos divinos, onde quer que estejamos. A serenidade e a oração são recursos a serem buscados no grupo familiar, para que as irradiações do pensamento sejam favoráveis. Estamos ao lado de todos, confortando os corações mais aflitos. Recomendamos a leitura diária de O evangelho segundo o espiritismo. Após a leitura, meditar sobre as idéias colhidas e orar ao Pai, pedindo o seu amparo para a superação da prova máxima.

2ª mensagem (psicografia)

O Pai Celeste é misericordioso e compassivo com todos os seus filhos, amparando-os e protegendo-os em todos os momentos da vida. Quando ultrapassamos

[26] Nome fictício.

os umbrais do 'mundo vivente' através de situações violentas, quase sempre não estamos preparados e somos constrangidos a enfrentar dificuldades muito grandes de readaptação ao novo ambiente em que estamos ingressando, ou seja, o mundo espiritual. Desta forma, o Pai magnânimo, em seu amor pelos filhos que gerou, providencia auxílio indispensável, e somos acolhidos por braços amigos e que muito nos amam, ajudando-nos a suportar melhor esses momentos difíceis. Foi assim que ocorreu com Ronaldo. Ao chegar ao mundo espiritual, de modo tão traumático, foi socorrido por amigos e parentes que muito o estimam e que o ajudaram a enfrentar os momentos iniciais. Levado a uma instituição socorrista próxima à crosta terrestre, lá ainda hoje se encontra, agora em fase de reequilíbrio e readaptação. Necessita de que os familiares e amigos lembrem-se dele com carinho e emitam em sua direção vibrações de bom ânimo. As preces são os melhores recursos para os recém-chegados ao mundo espiritual. Que a paz do mestre Jesus alcance a todos os corações, saudosos do nosso querido Ricardo, e possam ficar mais tranqüilos e serenos.

3ª mensagem (psicografia intuitiva)

Meus irmãos:

Nossos entes queridos, principalmente os filhos, são como jóias preciosas que o senhor nos confia sob um certo tempo, para que as guardemos e as façamos brilhar, cada vez mais, com nosso zelo e carinho. Porém, em certa hora, torna-se necessário que devolvamos a nosso Pai Celestial o tesouro que nos foi confiado, na certeza de que fizemos o melhor. Assim é. Na grande viagem das existências, alguns chegam antes que os outros à pátria espiritual, mas todos nos reencontraremos, visto que nos buscamos pelos laços indestrutíveis de amor e afinidade que unem os que realmente se amam. Tenham serenidade. Nosso irmãozinho está recebendo todo o auxílio de que necessita nessa nova etapa da existência imortal. Familiares queridos e devotados que o antecederam já o aguardavam para o abraço amigo e o carinho necessário nessa nova fase. Ele, de início, não sabia muito bem o que se passava, mas, acolhido em instituição espiritual e cercado pela dedicação dos benfeitores amigos, vai se adaptando na sua nova realidade, como previsto em suas programações. Orem por ele com ternura, pois as lágrimas de saudade, quando vestidas de resignação, são bálsamos que aliviam e acalmam, mas as de desespero só prejudicam todos, principalmente o nosso irmãozinho, que ainda, de certo modo, está ligado ao lar terreno. Muita força, coragem e fé. O reencontro virá um dia. A morte não existe.

Estas três mensagens, por três médiuns diferentes, confirmam-se, o que dá mais uma certeza das percepções obtidas. A seguir, publicamos a quarta mensagem, que é do próprio Ronaldo, obtida por outra médium, que conseguiu afinidade com ele:

4ª mensagem (psicografia)

Dizem que todos têm a sua hora, mas no meu caso acho que não era aquela a minha hora, pois tinha tanta coisa ainda para fazer, os meus estudos, a minha juventude, a vida que pra mim parecia que estava começando, e, de repente, num vacilo, me vi do outro lado... Ah! como me revoltei! Se eu pudesse daria tudo para voltar para casa, mas, infelizmente, me vi num hospital, gente falando demais, algumas pessoas chorando, foi aí que me dei conta do que tinha acontecido. Achei, a princípio, que era um sonho, mas, com o decorrer do tempo, vi que era a realidade implacável da morte física que me arrebatou do meu ninho doméstico. Aí chorei, chorei muito. Só depois que alguns enfermeiros me atenderam, me sedando, adormeci profundamente. Hoje já estou mais conformado, mas, se eu pudesse, estaria aí junto com os meus pais e minhas irmãs. Já estou consciente da minha nova situação e estou numa preparação para uma nova experiência, quer dizer que estou na fila, aguardando... Vamos ver quando serei contemplado. Enquanto isso, sofro muito com a saudade, mas tenho a esperança de muito em breve voltar, não sei quando, mas sinto que voltarei. Fale com papai, mamãe e as meninas, que não os esqueci e sei quanto eles me amam e sofrem por mim. Isso irá confortá-los, pois estou melhor do que eles pensam. É isso aí, a vida continua, tanto continua que estou aqui, escrevendo esta cartinha para eles. Parece mentira, mas é verdade... Até uma próxima vez, pois a fila está grande e há muitos necessitados em piores situações que a minha. Beijos, muitos beijos para todos e especialmente para mamãe.

Ronaldo

Esta quarta mensagem é conclusiva para a identificação do espírito, pois os médiuns não sabiam de quem se tratava, e os quatro captaram a mesma situação: havia necessidade de preces e pensamentos de muito carinho por parte dos familiares; além disso, em determinados trechos de seu ditado, revela que tem irmãs, o que é verdade. Poderia ter dito irmãos e irmãs, ou o médium não ter citado nada, porém a certeza era um fato: “minhas irmãs”.

Não restam dúvidas a respeito da situação do Ronaldo na espiritualidade. A quarta médium, aqui considerada, captou os pensamentos dele e houve a confirmação da sua posição, de alguém não-satisfeito com o ocorrido. Essa atitude cria embaraços para o espírito e o mantém ligado aos problemas do mundo, às vinculações afetivas descontroladas e às lembranças das ocorrências nem sempre agradáveis. O espírito, assim, demora a libertar-se, para alcançar níveis mais elevados, acaba sofrendo, até de modo desnecessário. A prova é de confiança na providência divina; exige preparação religiosa, o que nossos jovens, a grosso modo, não vêm tendo, nenhuma ou, quando têm, é inadequada.

Elza Diniz do Nascimento

Mãe de d. Marlene Nascimento Matarangas, falecida aos setenta e nove anos de idade, desencarnou no dia 19 de abril de 1995, de uma isquemia cerebral. Era espírita atuante, mãe e avó amorosa e dedicada. Sua filha solicitou notícias dela no dia 6 de junho de 1995, praticamente um mês e meio depois de sua desencarnação. Telefonamos para sua neta, d. Elaine, para saber da possibilidade de publicar este caso, e ela, imediatamente, entendendo a importância de levar o consolo a outras famílias que perderam seus entes queridos, consentiu, ficando de contatar d. Marlene, em seguida. Na reunião do dia 6 de junho, portanto no mesmo dia em que d. Marlene solicitou notícias de sua mãe, colocamos o nome de d. Elza para os médiuns, conforme os protocolos.

1ª mensagem (psicografia)

Espíritas que somos em nossa caminhada recente sobre a Terra, nos é facilitado o momento de transição de um plano de vida para o outro, devido ao esclarecimento que temos de tal situação. Desta forma, nossa amiga Elza está bem encaminhada, ainda em fase de adaptação, mas equilibrada e consciente do seu estado atual. Envia aos familiares, principalmente à filha preocupada com sua situação de desencarnada recente, notícias, através de amigos espirituais que se prontificaram a oferecer-lhe os préstimos, revelando alguns dados sobre seu estado atual, a fim de despreocupá-la. Solicita também que lhe enviem preces e pensamentos carinhosos, que muito lhe são benéficos para o seu pronto restabelecimento. Afirma ainda que se encontra entre amigos queridos, que já se foram há mais tempo da Terra e que agora a recepcionam, com paternal apoio e muita dedicação. Manda abraços saudosos a todos e, em suas preces, roga ao Pai Celeste por todos, para que tenham paz e tranqüilidade. Aguarda, com fé em Jesus Cristo, o momento em que poderá retornar às atividades que lhe proporcionem crescimento espiritual. Paz para todos!

2ª mensagem (psicografia)

Permita, Senhor, que os que deixei na Terra estejam bem.

Meus queridos:

Esta é a prece que faço todos os dias ao Pai, pois minha preocupação maior é com vocês. Quero que estejam bem como eu estou. Minha vida na Terra foi um grande aprendizado. Por isso, agora, sinto-me bem confiante. Peço que vocês não desperdicem nem um momento dessa grande oportunidade que é a vida, para que possam, cada vez mais, progredir. Algumas vezes temi a morte. Muitas vezes chorei desesperada por aquilo que não podia ver realizado no tempo de minha vida aí e da maneira que desejava. Hoje, meus queridos, vejo como tudo foi inútil. Quanto deixei de confiar e, com isso, deixei de me poupar. Não vale a pena se angustiar; não vale a pena tentar guiar os acontecimentos, fazer com que as coisas aconteçam antes da hora. Tudo tem seu tempo certo, assim como as frutas e as flores que não amadurecem e não desabrocham, antes que seja a hora. Vejo, aqui, que tanto sofrimento poderia ter sido evitado. Mas vocês, filhos, ainda estão aí. Ainda têm tempo, muito tempo, para aprender, crescer e desfrutar. A fé deve guiar sempre os seus passos; deve lhes trazer sempre a esperança e a tranqüilidade. Que seus corações estejam sempre calmos e os pensamentos sempre firmes em Jesus. Alegrem-se. Reanimem-se e não se esqueçam de agradecer sempre ao Pai a oportunidade que tivemos de estarmos juntos, na vida que acabo de deixar. Outra vida recomeço agora, com o coração repleto do amor de vocês, e isto é a minha força. A certeza do amor, o sentimento do amor nos faz fortes. Por isso, estou bem, e peço a vocês que estejam calmos, tranqüilos e felizes. Juntem suas súplicas às minhas e nos dirijamos ao Pai:

– Senhor, que estejam bem todos aqueles a quem amamos. Que cresçam, se equilibrem e se alegrem, na certeza do vosso amor.

Muita paz e meu amor eterno para vocês.

Elza

É evidente que espíritos desencarnados que foram pessoas boas e justas na Terra, e ainda possuíam o conhecimento espírita, têm um grau maior de lucidez espiritual. Eles, então, nos passam boas mensagens e nos ajudam o quanto podem, trazendo consolo e alívio para os familiares.

G. E. S.

Este é um caso especial, publicado com a permissão da família, pois se trata de um moço assassinado, após ter-se envolvido com o banditismo, tráfico de drogas e outros crimes. Sabemos, contudo, que essa sua participação e a boa vontade dos familiares em se exporem muito o ajudará, diante da catarse e da chance de esclarecimento sobre o horror da prática de crimes e suas conseqüências após a morte.

Inicialmente, os familiares solicitaram notícias do G... para saber como ele estava no mundo espiritual, justamente por estarem preocupados pelos seus atos e pelo modo como morreu. Por outro lado, uma médium, parente dele, sentia sua presença em sua casa, pois pensava muito nele com certa tristeza e acreditava que ele estava precisando de muitas preces. Com essa pressão psicológica, os parentes pediram auxílio, dois meses apenas depois de seu assassinato.

Assim, o nome dele foi entregue aos médiuns, e uma das médiuns conseguiu, em pouco tempo, um contato, chegando a conversar com ele mentalmente. Mostrava-se confuso, desnorteado, pedia uma ajuda que não vinha, pois ainda não podia perceber o amparo que os bons espíritos podiam oferecer. Sua condição era de completa cegueira em termos espirituais. Verificaram-se, em seguida, as mensagens e os resultados anotados de tudo o que se percebeu sobre o G..., durante a evocação:

1ª mensagem (psicoscopia)

O rapaz está em regiões inferiores com as quais se afina mentalmente, sem perceber a ajuda espiritual que lhe está sendo enviada neste momento. Está desorientado, não sabendo ainda o que aconteceu direito. Há uma intercessão no mundo espiritual em seu favor. Trata-se de sua avó, que está intercedendo muito por ele. Foi a primeira que tentou ajudá-lo. Pede para a família ajudar com muita prece.

2ª mensagem (percepções, seguida da psicografia do pensamento captado do espírito, que, de algum modo, pede ajuda)

Muita dor segue-me neste instante, a dor do corpo que foi atingindo violentamente e a dor da separação de tudo o que deixei. Sinto-me aprisionado por forças que tentam agredir-me. Cruéis e severos ministros apontam para mim. Sei que fui culpado, cavei a minha própria desdita, sem pensar no amanhã. Quero acordar, mas o pesadelo é longo; acho que ele não tem fim. Há muito frio, meu corpo sente frio e tento chegar até os meus, em busca de ajuda e calor. Despertar neste momento seria para mim o melhor, mas não consigo, é como se estivesse acorrentado na lembrança de meus próprios atos; estou simplesmente só. Alguém me ajude a receber um pouco de paz, para que eu consiga dormir direito, por um pouco. Ajudem-me a reviver, não no ódio e na vingança, mas aprendendo a querer bem.

3ª mensagem (psicografia), dirigida aos familiares.

A desestruturação causada pelos desvios morais em nossa vida podem nos levar a abandonar o caminho traçado previamente no mundo espiritual e nos causar extremados transtornos, por longos períodos. Mas o espírito em aprendizado muitas vezes precisa de um estímulo forte e até mesmo muito doloroso, para acordar diante de sua realidade de espírito devedor. Portanto, na obra do Pai Celeste, nada está fora de contexto. Porém, quando burlamos as leis do universo, devemos nos colocar à disposição dos acertos, que muitas vezes não estamos preparados ainda para fazer. É aí que recebemos a maior prova de amor que o Pai maior pode nos ofertar. Ele, em sua magnânima misericórdia pelo filho decaído, vem oferecer-lhe sua mão divina e a chance de recomeçar todo o aprendizado novamente. Embora possa parecer, não estamos desamparados em nenhum momento de nossa vida, nem mesmo no momento de nossa 'morte'. Dessa forma, o amigo G... também tem recebido ajuda e assistência de amigos espirituais, abnegados e dedicados, que a todo momento o envolvem em preces e irradiações de amor. Contudo, ainda por se achar preso às impressões do mundo terreno, não consegue percebê-los, não dando chance a uma atuação mais eficaz. Necessita muito de que todos os familiares e amigos que o estimam muito, lembrem-se dele nas preces, solicitando o devido amparo e ajuda, intercedendo por ele ao Pai Celeste. Ele receberá as vibrações de amor daqueles que o amam e poderá acalmar-se, e assim conseguir uma sintonia com a espiritualidade benfeitora, que o quer ajudar. Muitas preces, pensamentos de amor e carinho – remédio salutar para a cura das doenças da alma. Que Deus Pai abençoe todos!

Esta é a situação captada. Os familiares compreenderam e têm feito suas preces. Esperamos que, em breve, possamos ter notícias do G..., em seu refazimento espiritual. Por enquanto é preciso aguardar e deixar nas mãos de Deus, para o devido reequilíbrio desse espírito.

Dificuldade Post-Mortem

Uma senhora., irmã de um senhor que desencarnou em 1990 de derrame cerebral, aos sessenta anos de idade, o sr. Nilson Paranhos Carini,[27] solicitou notícias dele. Informou que ele não tinha sido uma pessoa religiosa; muito materialista, não se preparou bem para a vida futura, e os parentes estavam preocupados com ele, principalmente os que eram espíritas. Alguns parentes mais próximos pensam muito nele e muitas vezes pedem a ele que ajude e tome certas providências de auxílio, como se ele tivesse condições para isso. O seu nome foi apresentado para quatro médiuns. Um deles logo escreveu: "Infelizmente esse irmão ainda não foi resgatado; encontra-se em sérias dificuldades no mundo espiritual."

1ª mensagem (psicoscopia)

Vejo esse senhor ainda apresentando ferimentos na cabeça, que está enfaixada. Mas se mostra algo melhor e já começa a ter consciência da realidade em que se encontra. Parece que esteve adormecido por longo tempo e, quando recuperou a consciência, não sabia bem o que estava acontecendo. Lembra-se muito dos familiares, mas ainda não pode se aproximar. Algumas vezes consegue ver cenas do dia-a-dia da família, principalmente quando é mais lembrado, nas festas, ou quando algo acontece que motiva a lembrança. Os amigos espirituais pedem que sejam feitas preces e irradiações energéticas, com a intenção de sua recuperação.

2ª mensagem (psicoscopia)

[27] Nome fictício.

Vejo-o ainda ligado à imagem de seu corpo terrestre. Está triste e choroso. Encontra-se muito impregnado das energias de nosso planeta. Ele está sendo recolhido num hospital, para tratamento. Sente muita saudade da esposa.

3ª mensagem (psicografia)

A imperfeição da consciência, ainda apegada aos valores da Terra, não deixa que nos aproximemos desse nosso irmão, que tanto tem recebido preces de intercessão por ele. Através da interferência deste grupo de preces e atividades medianímicas (CIPES), hoje, conseguimos nos aproximar dele e sermos vistos por ele. É o primeiro passo para o resgate e o devido esclarecimento. Aguardamos que, em breve, possamos levá-lo a uma instituição socorrista próxima, e com mais recursos. Solicitamos aos amigos e familiares preces e vibrações de amor, para facilitar mais a nossa ação, mediante a sua pacificação interior.

Não houve comunicação do espírito, mas os guias e instrutores espirituais providenciaram para que os médiuns vissem a situação do irmão desencarnado e a ação espiritual de ajuda, enquanto tomavam providências, aproveitando a energia liberada na varredura medianímica.

Um Antigo Namorado

Guanadir G. Silva, desencarnado há muito tempo num acidente de moto, ainda não muito bem explicado, ia casar-se com Genny Soares Machado, no mês de fevereiro, mas sua desencarnação deu-se no mês de dezembro anterior. D. Genny permaneceu com suas lembranças por muito tempo, como se ele se mantivesse presente em seus pensamentos. Até que, agora, muito anos depois, casada, resolveu saber sobre ele e solicitou notícias, através dos trabalhos medianímicos.

1ª mensagem (psicografia)

Nenhuma dor, nenhum desespero, nenhum grito partindo do fundo do coração. Apenas uma paz infinita, invadindo a alma que caminha em direção ao foco de luz que se aproxima.

Pessoas se aproximam e abraçam meu corpo macerado, mas agora, como espírito livre, ainda um tanto aturdido, deixo-me levar, aliviado, sentindo uma grande paz, e muito confortado.

Tudo é novo e diferente. Nenhuma harpa, nenhum paraíso, nenhum inferno. Apenas a assistência solícita de amigos que vieram em socorro e a tranqüilidade de ver-me numa casa simples, humilde, mas cheia de paz.

Estou aliviado!

É como se eu estivesse em casa.

Senti-me adormecer e depois acordei fortalecido.

Amigos me esperam e me ajudam.

Ainda não encontrei ninguém da família, contudo é como se todos fizéssemos parte de uma grande família.

Sinto-me livre.

2ª mensagem (psicografia intuitiva)

Queridos amigos:

Quero lembrar a todos que o mundo espiritual existe e é muito belo, porém temos problemas e eles são muitos e talvez muito mais difíceis de superar do que os da Terra. Portanto, peço a compreensão de todos pelas falhas que, porventura, tenha cometido. Solicito calma e atenção para os seus problemas do dia-a-dia, que nos momentos são os mais importantes para vocês. Desejo que todos os que se lembram de mim, que gostam de mim, pensem em mim com amizade, pois isso me faz bem. Tenho saudades de todos, mas aqui estou bem e diria que estou feliz, embora nem tudo tenha sido fácil, no começo. Não pensem em mim como alguém que, por ter deixado a vida, tornou-se um santo, mas como alguém que tem muito o que aprender e muito a fazer. Um beijo para a querida Genny, a quem muito amo e para todos os da minha família.

Guanadir

3ª mensagem (psicografia)

Querida Genny:

Tenho acompanhado de perto o trabalho que você e o nosso estimado Waldemar têm desenvolvido, em prol dos menos favorecidos e em favor da doutrina espírita, da qual sou defensor feérico. Não poderia deixa de ser diferente, pois o tempo que passei junto a vocês, depois do meu desenlace, muito me favoreceu essa convivência, visto que a acompanhei em tudo o que fazia a respeito. Meu aprendizado foi muito grande e significativo.

Sei da sua preocupação para comigo e das dores que passou após a nossa 'temporária' separação, mas quero lhe dizer que nada foi em vão; foi importante tudo o que se passou conosco. O aprendizado que ambos pudemos realizar foi de grande benefício para o nosso crescimento e, em nenhum momento, fiquei preso a você, contra a minha vontade. Quando você me procurava em pensamento, eu também o fazia.

Com o tempo, pude perceber o quanto amadurecia e pude então me libertar da prisão que eu mesmo traçara, com as atitudes e pensamentos que cultivava ao longo do tempo que permaneci ao teu lado, como que numa espécie de quase inconsciência.

Aprendi muito e devo isso a você. Agradeço a Deus, a todo momento, a oportunidade que tive de aprendizado e que hoje posso avaliar corretamente. Hoje encontro-me bem, estou engajado em muitas tarefas e cheio de planos para um futuro próximo.

E, quanto a vocês dois, quero-os muito e peço sempre em minhas preces por ambos, que continuem firmes em suas tarefas de amor ao próximo.

Dinho

Uma alma simples que desencarnou num momento de grande felicidade. Teve ajuda espiritual e viu-se em um belo lugar de repouso e refazimento espiritual, mas as circunstâncias fizeram com que se buscassem em pensamento. Foi aí a maior dificuldade a ser vencida. Apenas o tempo foi amigo, ao fazer com que ele se livrasse pouco a pouco das questões materiais, quando entendeu que devia buscar seus afazeres espirituais. Sentiu-se mais livre, sem amarras, assim também libertando d. Genny, de seus pensamentos de saudade.

Hermiro, o Comerciante

Hermiro Francisco Machado, faleceu aos cinqüenta e um anos de idade, a 10 de outubro de 1937, na vila de Piaçu, no município de Muniz Freire, no estado do Espírito Santo. Era um competente comerciante, possuía um engenho de cachaça e rapadura, uma tropa de burros, fazendeiro de café, mantinha uma loja de coisas finas. Viajava muito, para negócios e compras de mantimentos. Certa vez, sofreu um acidente e feriu a perna, e esse ferimento gangrenou. Um farmacêutico tratou dele e conseguiu curá-lo. Desconfiou-se, então, de que ele estava diabético. Tempos depois, recebeu uma má notícia e teve um infarto do miocárdio. Permaneceu em coma por três dias e veio a falecer na véspera do casamento da sua filha mais velha. Uma de suas filhas, d. Genny Soares Machado Vieira, que não o havia conhecido, pois, quando ele morreu, estava apenas com vinte dias de nascida, recentemente, sonhou com ele. Daí a razão de ela ter pedido notícias suas e de sua situação, no além.

1ª mensagem (psicografia intuitiva)

Logo que desencarnou, seu Hermiro necessitou ficar internado longo tempo, numa instituição semelhante a um hospital para tratamento. Quando recebeu alta, precisou de um período, também longo, de adaptação a sua nova condição existencial, no mundo espiritual. Ele não possuía conhecimentos sobre 'a vida após a morte'. Agora se encontra bem e está trabalhando com algo relacionado a plantas, jardinagem talvez, e sente que isso lhe dá muita satisfação. Pede a todos que orem por ele com carinho e amor, pois, às vezes, sente muitas saudades ainda.

2ª mensagem (psicoscopia)

Vejo-o ainda no mundo espiritual. Trabalha no auxílio de seus familiares e me transmite muita paz e serenidade. Parece ser um espírito justo e bondoso. Tem sempre muita vontade de aprender e ajudar o próximo, nas tarefas que lhe são confiadas. Guarda muita saudade de seus familiares na Terra, pois parecia ter sido muito carinhoso e amoroso para com todos em seu lar.

3ª mensagem (psicografia)

O congraçamento entre o mundo corpóreo e o mundo dos espíritos é muito maior do que se pode imaginar. As oportunidades de aperfeiçoamento para o espírito existem num e noutro 'mundo'. Não estamos parados no tempo, só porque deixamos de existir no mundo físico. A evolução se faz necessária e contamos com muitos amigos para isso, tanto aí como aqui, e, também, com muitas oportunidades de trabalho, em benefício do próximo.

O que queremos dizer com tudo isso é que o querido amigo, aqui evocado, ao chegar ao mundo espiritual, necessitava de muitos esclarecimentos, para entender o que se passava com ele. Depois de devidamente esclarecido, restabelecido e adaptado convenientemente, engajou-se em tarefas de auxílio aos necessitados de esclarecimentos, que, como ele, chegam ao mundo espiritual.

Hoje goza de uma posição satisfatória na frente de trabalho e muito tem colaborado com as equipes de resgates em regiões distantes e quase inacessíveis, locais de profundezas cavernosas onde se localizam espíritos desajustados, e sem as luzes do amor divino no coração. Sabendo da importância desta comunicação, deixou a cargo de seus companheiros, amigos mais diretos, a missão de transmitir estas informações. E aqui estamos com muito júbilo, informando da grande transformação desse companheiro de lutas, incansável em sua tarefa consoladora.

Para sua filha deixa vibrações de muita paz e diz que tem acompanhado a desenvoltura dela nas tarefas de auxílio aos encarnados carentes. Essa tarefa não é muito diferente da que ele tem realizado aqui no mundo espiritual. Sente-se satisfeito com a sua dedicação ao próximo e abraça-a com carinho, e ao seu companheiro Waldemar, também.

Nem é preciso o trabalho de comparar detalhadamente as mensagens para verificar de imediato que elas se confirmam. Os médiuns captaram a presença do espírito lembrado e as suas vibrações mentais, captando a realidade espiritual dele, desde que desencarnou, e suas condições atuais.

Menina-Moça

O CIPES recebeu uma carta de uma mãe pedindo notícias de sua filha, que havia falecido após cinqüenta dias de hospitalização, devido a um traumatismo cervical. Foi o que ficou esclarecido depois que o caso foi vasculhado psiquicamente, pois a mãe escreveu apenas um pequeno bilhete e nem mesmo a idade da filha ela forneceu:

Senhores:

Desejo receber mensagem ou notícias da minha filha, que desencarnou no dia 23 de março de 1996. Seu nome é Lena Nacif Abreu,[28] *7/8/1997, Vila Velha, ES.*

Apenas com esses poucos dados o nome da mocinha foi colocado diante dos médiuns, para a varredura medianímica. Realmente não se sabia se era criança ou uma jovem. Os resultados foram interessantes:

1ª mensagem (psicoscopia), para a mãe de Lena

Querida amiga:

Não somos mortais como imaginamos, somos espíritos que vivemos em nossa imortalidade, reencarnando vez por outra, para promovermos nosso crescimento espiritual. É através das reencarnações que nos purificamos para a plenitude de ser, aproximando-nos do Pai Celeste. Sem o filtro da matéria densa, não conseguimos sedimentar o aprendizado necessário. Precisamos de muitas experiências, umas mais rápidas, outras mais demoradas. Tudo depende da nossa necessidade

[28] Nome fictício.

imediata de reajustamentos e avanços, no progresso que buscamos sempre. Com isso, queremos dizer-te que a nossa Lena está bem, readaptando-se novamente na morada espiritual, e preparando-se para outra oportunidade de aprendizado no mundo corpóreo. O coração de mãe, sempre preocupado com o bem-estar de seus filhos, pode ficar despreocupado quanto à Lena. Está bem protegida por amigos benfeitores espirituais que a amam muito. Ela guarda apenas lembranças saudosas de todos os de casa, dos instantes que viveu na Terra. Procurem lembrar dela com amor, e vibrando com o coração cheio de esperanças de um reencontro futuro. A prece sincera e sem cobranças é salutar alívio para os corações saudosos.

2ª mensagem (psicoscopia)

Vejo a imagem de uma criança de mais ou menos três anos de idade, correndo feliz em uma jardim muito bonito. Está vestida com uma roupa branca. A impressão é a de que está muito feliz.

3ª mensagem (psicoscopia)

A menina está ainda como criança, necessitando de cuidados. Permanece numa espécie de escola infantil. Trouxeram-na em sonho para encontrar-se com a mãe e já estão quase conseguindo desvinculá-las, visto que a mãe a busca em pensamento. Lena é ainda um espírito difícil; o trabalho a ser feito para a sua recuperação vai ser lento. Os amigos espirituais temem que o seu despertar para a realidade a faça voltar às antigas mágoas, de outros tempos. Sua última encarnação foi quase que exclusivamente para acertos necessários à sua recuperação espiritual. Era uma pessoa magoada com os pais, inimiga mesmo, e irritava-os, principalmente a mãe, que por sua vez aceitou a tarefa de tê-la como filha, para também acertar os assuntos antigos. Só que essa mãe sentia que não estava conseguindo acertar as diferenças, tendo em vista os problemas que a filha causava. Por isso, a preocupação dela, hoje, com a situação espiritual da filha.

4ª mensagem (psicografia)

Às vezes o tempo que um espírito tem que permanecer aqui na Terra não é aquele que desejamos, pois nem sempre ele vem com um programa de permanecer muitos anos conosco. Muitos vêm para expiações próprias e provações para os familiares, outros para completar o tempo de que precisam. Vejo nossa irmãzinha

Lena em um local com muitas crianças, como numa escola ao ar livre; ela ali está para se refazer dos problemas reencarnatórios, das impressões do corpo em seu psiquismo. Está em tratamento e aprendendo novamente a viver no mundo dos espíritos. Está amparada e assistida por um espírito familiar muito próximo, que a tem ajudado nos momentos de tristezas e saudade.

5ª mensagem (psicografia)

É sempre justificável a saudade do coração de mãe que perdeu um de seus filhos para as aparências do mundo físico. Entretanto, com os ensinos espíritas, é possível entender que não há morte, apenas uma mudança de dimensão existencial, cujo vórtice é a mediunidade. Assim, é possível o intercâmbio espiritual entre os que ficam e os que partiram. No caso de nossa Lena, ainda não é possível tal ventura, pois ela se encontra em fase de adaptações necessárias ao seu próprio equilíbrio. A compreensão dos familiares deve basear-se na confiança na providência divina, que sabe melhor que qualquer um, das nossas necessidades cármicas. Contamos com o apoio dos queridos da Terra, para maior auxílio à nossa menina. A prece sincera de saudade, sem exigência, a esperança de um encontro futuro, quando Deus permitir; vibrações de carinho, amparo, amizade, em direção a ela, todas as vezes em que for lembrada. A tranqüilidade dos parentes que permaneceram no mundo será também a dela, no mundo de esperanças sempre renovadas em que está agora.

Antes de emitir um laudo, a equipe responsável procurou saber mais dados sobre Lena e entrevistou sua mãe, solicitando sua presença no CIPES. Recebemos a informação de que Lena falecera de um traumatismo cervical, permanecendo tetraplégica por cinqüenta dias, no hospital, antes de falecer. Tudo aconteceu após um mergulho de mau jeito no mar, quando Lena bateu a cabeça num banco de areia. Mas o problema apresentou-se quando a mãe dela disse sua idade – quinze anos. As mensagens falavam sobre uma criança, praticamente todos os médiuns perceberam que o espírito permanecia na forma infantil. Com cuidado, foi dito à mãe essa particularidade. A mãe esclareceu imediatamente:

De todas as fotos que tínhamos dela, sobrou apenas uma, de quando ainda era criança. Mas, quero informar que a tenho visto em sonho e ela me aparece sempre como uma menina.

Isso esclareceu essa questão, mas ainda era necessário saber o porquê dessa necessidade de ela permanecer sob uma forma infantil. Uma particularidade ficou evidente: ela se preparava para reencarnar. Porém, melhor esclarecimento veio quando sua mãe disse que ela era uma mocinha de comportamento difícil e algumas vezes precisava apanhar. A mãe perdia a paciência e batia nela, como corretivo. A terceira mensagem estava esclarecida, no aspecto dos sonhos, de sua aparência infantil, a preocupação culposa da mãe, a natureza rebelde de Lena e o antagonismo existente entre mãe e filha. A mãe aceitou as orientações e conformou-se diante de tantas evidências, vendo que sua filha não estava ao desamparo.

No dia 5 de fevereiro de 1998, sua mãe tornou a solicitar notícias e o nome de Lena foi novamente lembrado, na reunião do CIPES. Porém, nessa ocasião, ela foi vista como uma mocinha, já mostrando uma melhor adaptação à sua nova condição:

6ª mensagem (psicoscopia)

Parece que ela está sendo cuidada em um local na espiritualidade, que é como uma casa de parentes desencarnados. Encontra-se sob a proteção de uma senhora que talvez seja sua avó ou uma tia mais idosa, desencarnada. Ela passa por um momento de aprendizado, para entender melhor os motivos que a levaram a desencarnar, como viver ou continuar a viver no mundo espiritual. O local onde se encontra é muito parecido com a Terra. As preces de sua mãe têm chegado até ela, de maneira carinhosa, e a têm ajudado muito. Há uma ligação energética entre as duas que a morte do corpo não separou. Existe um amor sincero entre esses dois espíritos.

Nota-se que o esforço da mãe em conseguir que a filha vença, esquecendo-se de todos os problemas, tem surtido efeito, desde as últimas orientações recebidas.

7ª mensagem (psicoscopia)

Parece-me que esta jovem teve uma morte trágica e que se encontra em um centro de recuperação, apresentando melhoras bem razoáveis, porém não deve comunicar-se ainda.

8ª mensagem (psicografia), dirigida para a mãe de jovem Lena

Querida amiga,

Nada existe por acaso, nem um fato acontece sem o conhecimento de Deus, nosso Pai maior. Tudo existe para que possamos aprender a lei de amor que vem do altíssimo. Os espinhos que temos no nosso caminhar servem para alertar-nos e não, permanecermos apenas deslumbrados com a beleza da rosa. As dores por que passamos servem para nos mostrar o valor dos sentimentos, principalmente em relação àqueles que estão ao nosso lado. Apontam-nos a lição da tolerância, da paciência, e nos ensinam a amá-los mais. Nossa amiga Lena encontra-se amparada por amigos de outros tempos. Devemos confiar na providência divina e tentar fazer de nossa existência um lindo jardim, para que, pacificados, possamos, por nossa vez, encontrar no mundo espiritual, os seres a quem amamos, com as mãos machucadas pelos espinhos, mas também cheias de flores lindas e perfumosas. Que a paz esteja em seu coração.

Um amigo

9ª mensagem (psicografia) para os parentes

Por enquanto, na Terra, a morte do corpo físico representa um momento de separação dolorosa, principalmente para aqueles que não estão preparados para o entendimento das coisas espirituais. Na maioria dos casos, o decesso físico tem acontecido para funcionar como um choque espiritual inesperado, forçando todos os envolvidos, tanto aquele que desencarna quanto os que ficam, a sérias reflexões diante das leis sacrossantas de Deus, que costumamos facilmente desrespeitar. Sugerimos aos parentes e amigos da nossa jovem que procurem entender os ditames da providência divina, apaziguar os corações, assimilar bem as lições que a vida nos proporciona e, em preces sinceras, transmitir as lembranças mais suaves e a pacificação mais carinhosa em direção à companheira que partiu.

Por enquanto nada há mais o que fazer senão a conformação com a vontade divina, com relação aos nossos destinos, segundo as programações preparadas para o nosso aprendizado espiritual. O tempo nos informará a respeito de um futuro promissor e ditoso, à medida que assimilamos os desígnios divinos.

Negócios, Bens e Assassinato

D.C., de trinta e cinco anos, foi assassinado em seu escritório, com vários tiros. Os antecedentes não eram bons nos seus negócios, havia muitos desentendimentos graves, por causa dos bens de família, principalmente com sua companheira, com quem tinha um filho. A situação era mais grave ainda com seus antigos sócios. Sua mãe, preocupada, solicitou notícias dele, queria saber como ele estava e também receber alguma orientação espiritual.

1ª mensagem (psicoscopia)

Vejo um rapaz num ambiente hospitalar, parece que já melhorou bastante. Está consciente, inteirando-se de tudo o que se passou com ele. Entretanto, vai precisar de um tempo maior para se preparar devidamente, para uma vida espiritual saudável. Está sendo cuidado por amigos espirituais ligados a ele por laços afetivos, e que vieram dar notícias dele, visto que ele não está em condições para tal.

2ª mensagem (percepção do estado mental do paciente desencarnado)

Eu tento perdoar, porém não consigo; tento caminhar, mas estou amarrado em correntes pesadas de ódio, elas envolvem meu corpo e aprisionam o meu espírito. Perdoar a quem me tomou tudo o que amo, para mim, é tarefa difícil; como esquecer aqueles que foram meus algozes? Como feras que esperam pelas vítimas ao troco de quase nada? Porque nada é a única coisa que somos. Separar alguém daquilo que ama é muito triste e a saudade dói e corrói o meu pensamento. Paciência é algo que não possuo e tento lembrar que Deus existe e vejo que não estou só, mas muita coisa ainda devo aprender e outras tantas devo buscar.

3ª mensagem (pensamento do médium que foi em direção ao paciente desencarnado)

Precisa acreditar mais em Deus, ter mais fé. Quando se tem fé e acredita-se em Deus, tudo parece se encaminhar na direção certa. É preciso que você acredite nas orientações que recebe; verá que tudo pode tornar-se mais fácil.

4ª mensagem (orientação emitida em direção ao paciente desencarnado)

Não podemos ter tudo o que queremos, temos que, antes de tudo, pesar nosso merecimento; bens materiais também se conquistam com lutas árduas; se ficarmos somente desejando e não fizermos por onde merecer, de nada adianta: "nada cai do céu". Passe a dar mais importância às coisas de Deus e, com certeza, descobrirá que a vida, onde for, é bela, e que o simples fato de se estar 'vivo' já é uma bênção de imortalidade.

5ª mensagem (enviada vibratoriamente ao paciente desencarnado)

Caro irmão:

Nem sempre as coisas são como parecem, à primeira vista. Às vezes, na vida, uma série de fatores somados é como grãos de areia, infinitamente pequenos, mas que, com o passar dos anos, vão se acumulando uns sobre os outros, até formarem uma montanha de aparência maciça e intransponível, que aos olhos de quem a tem pela frente parece ser um único e enorme obstáculo. Contudo, nada mais é do que o somatório de pequenos grãos que se juntaram no dia-a-dia, através dos anos. É bom lembrar também que, quando as dificuldades nos parecem montanhas, as palavras de Jesus ainda ressoam nos corações de todos: "A fé remove montanhas". Por isso, o nosso irmão deve refletir, consolidar sua visão sobre a nova situação, analisar os problemas e os obstáculos, procurando perceber qual a parcela de responsabilidade que lhe cabe em todos esses seus problemas atuais, modificar dentro de si o que deve ser modificado e, se preciso, com humildade, dar o primeiro passo para a resolução dos problemas criados. Mas, lembre-se, o sentimento de culpa ou a transferência de responsabilidades só levam à manutenção dos desequilíbrios em que nos encontramos. Procura nas orações e na própria espiritualização a base da harmonia de que você precisa, e, com certeza, encontrará em Deus e em si mesmo o caminho de sua paz. Disse-nos Jesus um dia: "O meu jugo é suave e o meu fardo é leve".

6ª mensagem (psicografia), de orientação para os familiares

Não percebemos o quanto necessitamos nos inteirar da vida futura, visto que não sabemos quando iremos atravessar os portais para o mundo espiritual. Sempre deixamos para mais tarde o que não nos parece de nosso interesse imediato, e, de repente, somos apanhados de surpresa pela fatalidade da morte física. Voltamos ao ponto de partida das muitas viagens que fazemos, de reencarnação em reencarnação, terminando sempre da mesma forma, como maus alunos, que necessitam refazer a lição. Quantos de nós se encontram nessa mesma situação? Mas o Pai Celeste, em sua magnanimidade e em seu amor desvelado para com seus filhos, vem em socorro de cada um, para que se reinicie o aprendizado, até que a criatura esteja pronta para galgar mais um degrau da escala evolutiva. Nosso companheiro D... precisa de muito esforço de si mesmo, para não cair novamente nas malhas das trevas, pois que conseguiu ser resgatado dos enredamentos em que estava se envolvendo. Com isso, pôde obter o auxílio necessário dos amigos espirituais, que sempre velaram por ele. Agora, encontra-se em franco restabelecimento, em uma pousada do mundo espiritual. Pretende inteirar-se mais das coisas da vida a fim de programar uma nova experiência na Terra. Deverá, entretanto, permanecer um bom tempo no mundo dos espíritos, preparando-se convenientemente. No momento, envia abraços a todos os familiares e entes queridos, manifestando saudades ainda muito fortes. Está mais equilibrado e suportando bem as lembranças de suas desditas na Terra. Pede que se lembrem dele nas preces, intercedendo por ele a Deus. Envia abraços saudosos demonstrando muita disposição para as melhorias que pretende fazer, em termos de reformas íntimas.

A segurança das percepções nesse caso foi a coerência das mensagens enviadas e recebidas. Há um ano e meio que esse moço passou para o além e ainda se encontra em fase de restabelecimento, tais são as impressões fortíssimas que a vida pode deixar em nosso psiquismo. Só está melhor porque foi amparado e orientado, mesmo assim, ainda recebe cargas de ódio que vão da Terra em sua direção. Esses pensamentos misturam-se com os dele próprios e fazem com que permaneça em perturbação. Hão que se enviar para lá pensamentos de paz e tranqüilidade, dando-lhe forças sempre renovadas. Pediu-se isso aos familiares amigos dele, principalmente à sua mãe.

Assassinato por Vingança

I.V.F, de vinte e um anos de idade, foi assassinado no dia 16 de junho de 1996, permanecendo a família revoltada e sem saber por quem e por que ele foi assassinado. Sua irmã solicitou notícias dele e mostrava-se muito revoltada, visto que achava que os assassinos eram bandidos. Soubemos depois que o jovem estava envolvido com o crime organizado.

1ª mensagem (psicografia intuitiva)

O nosso irmão sofre muito ainda e não se inteirou bem do que aconteceu. Os pensamentos desequilibrados dos que ficaram têm dificultado muito a assistência a ele. A ignorância gera incompreensão e ódio; a vingança e a revolta que vêm de tudo isso são como bolas de neve, que vão fazendo o sofrimento aumentar, cada vez mais, para todos. Os encarnados e o desencarnado precisam de muita prece e vibrações de paz, resignação e perdão. Os familiares devem ser, aos poucos, esclarecidos sobre as verdades espirituais e do mal que fazem ao paciente, se persistirem em atitude de revide. É preciso lembrar do ensinamento maior daquele que, injustiçado, sacrificado numa cruz, nos deixou como exemplo: "Pai, perdoa-lhes porque não sabem o que fazem."

2ª mensagem (psicoscopia)

Ele está por perto. Sua alma está muito presa ainda às situações pelas quais passou na Terra. A aura dele está escura. Vejo-o perto de uma bicicleta; muito irresponsável, continua em más companhias. A família está fazendo muito mal a ele, pois está na mesma sintonia dos espíritos imperfeitos e maus. A casa deles está toda enegrecida de fluidos ruins.

3ª mensagem (psicoscopia)

Esse espírito encontra-se numa espécie de torpor, com sentimentos mesclados de rancor e revolta, mas sente também muitas saudades. Existem cobranças psicológicas sobre ele. É preciso muita oração em seu favor. Para os familiares é preciso muito esclarecimento espírita. A família deve ser evangelizada. O perdão saneará muitos problemas. Se permanecerem nesse clima de revide e desejo de vingança, a situação vai piorar muito. Só o amor banirá o ódio e conseqüentemente amenizará as dificuldades que estão por vir, e trazendo tranqüilidade. A família deve lembrar-se da máxima de Jesus: "Perdoar setenta vezes sete vezes".

4ª mensagem (psicografia)

Desespero com o desconhecido. O espírito não está aceitando a situação em que se encontra. Não se sintoniza com a ajuda que está tendo agora, porque não consegue perceber nada, nem ouvir nada, apenas sente o rancor que vem de todos os que estão ligados afetivamente a ele, pelo fio do pensamento. Isso o deixa mais desesperado. A situação que motivou o assassinato do rapaz foi provocada por ele mesmo no passado (na sua última encarnação), quando se endividou com essas pessoas que hoje vieram cobrar dele a dívida, exigindo o acerto de qualquer maneira. Como ele não aceitasse, pois não se considerava devedor, foi eliminado da mesma maneira, como também eliminou no passado. A família tem que ajudá-lo, transformando o ódio e o inconformismo em preces de amor, resignação e perdão. Dessa forma, irão ajudá-lo imensamente e se ajudarão também, pois a multidão de entidades que se juntou aos malfeitores está sendo atraída pelos pensamentos desequilibrados de ódio e de vingança dos familiares. Com certeza esses familiares serão afetados em seus lares. Aconselhamos o estudo sistemático do evangelho no lar.[29]

5ª mensagem (psicografia)

As escolhas que fazemos no dia-a-dia vão gerando causas para acontecimentos futuros. Nem sempre somos capazes de perceber a relação entre a tragédia

[29] Não no sentido de culto, mas de uma reunião em família para graves e sérias meditações sobre as sentenças de Jesus à luz do espiritismo, orando uns pelos outros, inclusive para os parentes desencarnados.

que nos atinge e a nossa própria ação que lhe deu causa. Diante do sofrimento, mobilizar as energias negativas do ressentimento é como lançar combustível em uma fogueira, com a intenção de apagá-la. Só a água viva do amor e do perdão poderá suavizar as agruras do sofrimento. Busquem, pois, os familiares, crescer espiritualmente, a partir da dor irremediável, assimilando as lições de Jesus, que aconselhou o amor até aos inimigos. O esforço que todos empreenderem nesse sentido será o bálsamo a minimizar o sofrimento do irmãozinho, que partiu tão inesperadamente para o mundo maior.

A clareza das percepções teve a força de sensibilizar os familiares, a tal ponto que repensaram sua atitudes, verificando que não tomariam mesmo nenhuma atitude para descobrir o paradeiro dos criminosos, entregando-os nas mãos de Deus. Não é o suficiente para o coração do cristão? A mediunidade com Jesus é o evangelho, de novo, sobre a Terra.

Mãe Pede Notícias do Filho

W. F. A. F., de vinte e seis anos, desencarnou em 1991. Sua mãe, com cinqüenta e cinco anos de idade, sentindo-se muito culpada e cobrando-se muito pela morte dele, pediu notícias. Queria saber como ele estava no mundo espiritual. Ela sofria com esse sentimento de culpa.

1ª mensagem (percepção criptestésica)

Estou percebendo que tudo o que essa mãe sente, o moço que desencarnou também sente. Mas ela está se martirizando e atraindo entidades obsessoras. Está em perigo de uma depressão mais severa. O rapaz está bem, como num vôo de liberdade. Ele está bem.

2ª mensagem (psicografia)

Ainda hoje, e por muito tempo ainda, haverá a morte de representar angustioso momento a ser vivido pelos que partem e pelos que ficam. É uma contingência do mundo de expiações e provas. Aquele que assimilou bem a mensagem do evangelho, contudo, sabe que Jesus venceu a morte, apresentando-se pleno de vida aos seus discípulos. Busquemos na fé a necessária luz para alcançarmos nosso entendimento e percebamos a morte como chance de renovação e reestruturação da vida. Do outro lado, as almas prosseguem seu caminho evolutivo, conforme determinam as leis do Criador. Nosso irmão também se insere nessa realidade e cuida de dar prosseguimento ao seu caminho, sempre com o trabalho e o aprimoramento de que ainda necessita. A oração é a ponte que pode ligar os 'vivos' aos seus 'mortos', amenizando a saudade e fortalecendo os corações.

3ª mensagem (psicografia intuitiva, o médium percebeu o pensamento do espírito)

Passei por momentos difíceis, como a saudade que tive de todos que deixei. Agora quero tranqüilizar todos, principalmente a minha mãe. Estou bem. A saudade é imensa, pode estar certa de que estou em fase de progresso. Um abraço e um beijo.

4ª mensagem (psicografia)

Caminho livre, solto, feliz, por entre flores e jardins maravilhosos, aqui na 'terra' do mundo espiritual. Tudo é maravilhoso e perfeito e, mais do que nunca, agora sei que sou imortal e que devo viver para empreender meu crescimento, caminhando sempre em direção ao alto, em direção ao Pai Celeste, que nos criou e nos quer ver com ele. Mãe querida, amo vocês todos, sofro quando sofrem, fico feliz quando estão felizes. Estou ligado a cada um pelo fio do pensamento e por isso mesmo sei dos seus martírios, dos seus sofrimentos e das suas dores. Acalme o seu coração sofrido, mãe, pois aqui estou, vivo, feliz, forte, cheio de energias como antes. Nada mudou, a não ser a distância aparente que nos separa. Quero que saiba que oro todas as noites por todos e peço que façam o mesmo por mim, pensando em mim como eu era, quando estava aí com vocês. As horas passam rápido, os minutos mais ainda, e a oportunidade que me foi dada de estar com vocês através desta carta é de grande significado para mim, pois posso dizer a todos como estou me sentindo. No entanto, o tempo é curto e o que me foi permitido está se findando. Quero deixar a todos um grande abraço e a você, querida mãe, o amor e o carinho de seu filho,

W.

Essas mensagens foram tranqüilizadoras e de grande recurso de orientação para a família, principalmente para a mãe, que se encontrava aflita. Contudo, as atitudes mentais nas quais perseveramos ou que reformulamos, dependem apenas da nossa vontade, baseada na compreensão da vida.

O Pedido de uma Filha

O nosso laboratório de pesquisas mediúnicas recebeu o pedido de uma filha. Ela queria saber sobre os destinos espirituais de sua mãe, d. Maria Cerqueira dos Santos[30], que havia falecido num hospital de Belo Horizonte, aos cinqüenta e quatro anos de idade. Esse pedido foi feito, após uns dois anos da desencarnação dela, por uma terceira pessoa, amiga da família; assim não havia muitos contatos, a não ser a própria evocação.

1ª mensagem (psicografia), de orientação e de notícias aos familiares

O despertar daqueles que buscaram vencer suas batalhas no mundo é suave e tranqüilo. Muitas vezes a única dificuldade reside no apego afetivo, que impede a libertação definitiva da alma. Amar, libertando – eis o aprendizado que precisamos desenvolver. A companheira está bem, já tem consciência plena dos caminhos percorridos e busca adaptar-se às novas situações de aprendizado. A saudade dos familiares ainda é forte e gera sofrimento que, aos poucos, vai sendo vencido. Orem sempre na intimidade do lar, solicitando o amparo do alto, para que a serenidade se faça nos corações de todos.

2ª mensagem (psicografia intuitiva)

[30] Nome fictício. Ela faleceu devido a uma síndrome de Sjögren, uma tríade sintomática ceratoconjuntivite seca, xerostomia e tumefação recorrente das parótidas, seguida pela artrite reumatóide, em cinqüenta por cento dos casos. É uma síndrome progressiva e pode ser fatal, embora raramente. Geralmente ocorre em mulheres com mais de quarenta anos de idade.

Nossa irmã está bem. Embora as dificuldades naturais de toda mudança de dimensões, tem em seu favor o cumprimento da principal tarefa a que se propôs na última encarnação: a de dedicação integral à sua família, muitas vezes em caráter de renúncia e sacrifício. Aqueles que ficam, principalmente os filhos, não podem imaginar quantos sonhos, carências e necessidades pessoais de gratificação íntima um coração materno é capaz de colocar em segundo plano, em benefício daqueles que mais ama. Preces de gratidão e carinho devem acompanhar a nossa irmã, irradiadas pelos que aqui ficaram, levando ao seu espírito alegria e paz. Oremos pelos que se foram, mas não nos esqueçamos de valorizar aqueles que ainda estão ao nosso lado.

3ª mensagem (psicografia)

Poderíamos deixar aqui uma imensa página de saudades e pedidos de toda sorte que nossa estimada irmã Maria C... encomendou-nos para transmitir a todos. No entanto, iremos apenas solicitar aos amigos e parentes que sempre procurem lembrar dela em suas preces, enviando-lhe muitas vibrações de paz e de amor. A prece, para quem se encontra no mundo espiritual em fase de readap-

tação, é verdadeiro bálsamo para as feridas do coração, provocadas pela dor da saudade e da separação temporária, que a noite do corpo delega a quem 'vai' e a quem 'fica'. Nossa amiga está bem, acompanhada por amigos espirituais que a estimam muito, mas ainda não se refez de todo das mudanças que lhe ocorreram em sua volta. Por isso não pôde vir pessoalmente transmitir-lhes suas impressões. Aguardem com paciência sua recuperação mais efetiva, para que possa iniciar-se em tarefas, que já se informou existirem por lá. Envia, então, abraços e beijos a todos e muita paz.

Assim que foi possível, a própria d. Maria Cerqueira trouxe o seu recado para os familiares distantes, lá de Minas Gerais:

4ª mensagem (psicografia)

É com muita alegria e emoção que dou as minhas notícias. Esperei muito por este momento, embora, sempre que posso, apareço lá em casa e entre meus familiares e pessoas amigas. Mas, infelizmente, ninguém me percebe. Somente um dia, um membro de minha família sentiu a minha presença, mas, quando comecei a conversar com ele, percebi que não estava acreditando no que ouvia. Hoje estou bem, aprendendo coisas novas, trabalhando quando sou chamada para atender alguém necessitado e, ao mesmo tempo, me reeducando. Encontrei amigos valiosíssimos aqui, que me ajudaram e que continuam me ajudando. Acho que não vou me demorar muito por aqui, pois já soube que, em breve, voltarei para o convívio dos meus familiares, a fim de continuar o reajuste com pessoas que fizeram parte do meu passado, não muito bom. Estou consciente de que mudei muito, sou hoje uma outra pessoa, que corre atrás do tempo perdido. Confiante em Deus, fico aguardando outras oportunidades para matar as saudades.

5ª mensagem (psicografia intuitiva)

Em nome de Jesus Cristo, venho aqui lhes dizer que não se preocupem comigo, já estou bem. No começo foi difícil, pois não tinha plena consciência dessa realidade, embora acreditasse nela. Logo fui ajudada por amigos, que só agora pude reconhecer. Hoje encontro-me num lugar de recuperação e, em breve, vou trabalhar no setor de assistência aos recém-desencarnados. Orem bastante, pois o tempo passa rápido e, em pouco tempo, poderei estar com vocês, mais efetivamente. Acho até que o tempo não existe, do ponto de vista de onde me encontro. Tudo é muito diferente, mas muito bonito, e tudo me dá prazer. Minhas feridas já estão cicatrizadas e nem parece que sofri tanto. Sei que tudo tem o seu porquê. Um abraço a todos. Mª C...

Essas mensagens foram enviadas para a família e, um ano depois, à filha, agora diretamente, por carta:

Saudações:
Tivemos a felicidade de, há algum tempo, receber mensagens de nossa mãe, através de sua equipe. Muito nos acalentou pelas notícias recebidas. A saudade sempre invade nossos corações e gostaríamos de, se possível, novamente, pedir-te a possibilidade de receber notícias dela, visto que naquele tempo ainda estava em período de recuperação e adaptações. Desde já, peço a Jesus que os ampare e ilumine, nesta tarefa grandiosa de consolar corações. Esperamos ansiosamente. E.E.R.

Foi providenciada uma nova evocação, no firme propósito de confortar aquela família:

6ª mensagem (psicografia)

Projetada do mundo físico para o mundo espiritual, sentiu-se desamparada e entorpecida, não sabendo muito bem o que lhe acontecia. Ao acordar melhor, porém, percebeu-se muito viva, apesar de saber não ser mais do mundo físico. Tinha certeza de que desencarnara e agora atestava tudo o que lera e aprendera sobre a desencarnação. Sentiu-se emocionada, quando percebeu junto a si amigos que a haviam precedido na desencarnação, e que agora vinham recebê-la, com alegria e muito amor. Foi levada a um hospital de recuperação no mundo dos espíritos, onde permaneceu algum tempo, até se sentir fortalecida para começar vida nova. Hoje, encontra-se adaptada, reside em uma pequena cidade espiritual próxima à Terra, onde se inicia em tarefas de auxílio ao próximo. Envia muitas vibrações de paz e muito carinho para todos os seus.

7ª mensagem (psicoscopia)

Vejo a nossa irmã bem adaptada ao mundo espiritual. Pediu-me que informasse aos seus familiares e amigos interessados que a morte é só uma passagem, mas que o sentimento e a forma como passamos continuam a mesma. Disse para pensarem nela como se estivesse fazendo uma viagem e que, no futuro, para uns mais próximos, para outros nem tanto, com certeza estarão juntos novamente, como ela e Tita estão agora. Disse que está aprendendo muito e que, sempre que pode, vai à Terra para acompanhar os trabalhos domésticos, a fim de matar um pouco as saudades.

Um de nós telefonou para Minas e procurou saber quem era a "Tita", citada na última mensagem. De início ninguém sabia informar e nem se lembrava de quem poderia ser Tita, até que consultaram uma familiar mais antiga e ela então lembrou-se de que Tita era o apelido de Maria Guilhermina, uma sobrinha do marido de d. Mª C..., que havia falecido de hipertensão, muito nova ainda. Houve, então, muito mais certeza, muito mais emoção, quando se está de frente com a inexorável realidade da vida depois da morte.

Notícias do Marido e dos Filhos

Júlio C. N. Souza, Luiz S. N. Souza, falecidos em 1994, e Márcio A. N. Souza, falecido em 1995, deixando saudades e desconforto nos familiares pelas perdas seguidas de seus componentes, o que causou muita tristeza, obviamente. Dois anos depois, a esposa e mãe solicitou notícias deles. A ajuda espiritual foi solicitada.

1ª mensagem (psicografia)

O mundo espiritual assemelha-se quase que totalmente ao terreno, no que concerne à sociedade organizada. Aliás, somos uma cópia imperfeita de lá. Portanto, os amigos que desencarnaram e sobre os quais a querida amiga solicita informações estão em uma organização urbana, semelhante à nossa, ou seja, uma cidade, amparados em casa de parentes próximos, que já se encontravam lá há mais tempo e que já conseguiram se organizar, adquiriram casa, trabalho etc. Os nossos queridos estão ainda se adaptando à nova vida, absorvendo novos conceitos de vida e de eternidade que, para eles, no início, foi muito difícil entender, dado os valores que tinham de morte e da vida após a morte, aprendidos nos dogmas das igrejas cristãs da atualidade e que não estão de acordo com a realidade da vida espiritual. Agora, mais acomodados, sentem-se saudosos dos que ficaram, mas entendem melhor a situação e estão mais calmos. Necessitam ainda da compreensão dos familiares e amigos da Terra, para que a readaptação no mundo espiritual seja mais efetiva. Portanto, solicitamos a todos que pensem neles com carinho e amor, enviando-lhes vibrações boas através de preces, visto que a prece sincera e amiga é verdadeiro bálsamo para os que estão do 'outro lado da vida'. O estudo do evangelho no lar, semanalmente, com pedidos de prece direcionados a Deus, por eles, seria providencial.

2ª mensagem (psicografia)

O retorno à vida espiritual é a volta do viajor à sua verdadeira pátria. Não devemos encarar com angústia a separação, uma vez que para cada um Deus fixa um instante de regresso. A adaptação à nova realidade exige esforço e, muitas vezes, reveste-se de sofrimento. A atitude mais adequada é a resignação e a confiança no poder superior que rege a vida. Todos estão sendo acompanhados e fortalecem-se na certeza de que novas oportunidades virão. É necessário que os familiares também cultivem a esperança e a fé.

3ª mensagem (psicoscopia)

O nosso caro Júlio já não se encontra hospitalizado, mas ainda está numa fase de muita reflexão, sempre acompanhado por espíritos amigos que o estão

ajudando. A saudade é muito grande, mas o seu semblante e o seu estado geral apresentam tranqüilidade. O Marcelo e o Luiz estão bem, têm recebido cuidados, sentem muita, muita saudade. A emoção ainda os tem deixado muito sensíveis.

A coerência dessas mensagens é uma garantia de que a realidade desses desencarnados é como está descrito.

Suicídio de Jovem Senhora

L. M. R., casada, suicidou-se uns seis anos antes da solicitação de notícias por parte dos parentes. Sabedores da possibilidade de, pelo menos, ajudar o espírito dessa senhora com preces em seu favor, o seu nome foi colocado para um vasculhamento medianímico. Todos estavam munidos de grande sentimento de compaixão, tendo em vista o problema apresentado, o suicídio, um ato de fuga intempestiva da vida, de quem não tem Deus no coração, desesperançado, que não encontra outros rumos a não ser a saída pela autodestruição, como se não fôssemos todos espíritos imortais em corpos mortais.

1ª mensagem (psicografia intuitiva), de orientação ao familiar que solicitou notícias de L....

A oração é um presente de Deus para que possamos utilizar em favor das pessoas a quem amamos. Esteja certa de que L... receberá a mensagem que sai de seu coração e será auxiliada. Ela se encontra em local não favorável e precisa do auxílio de todos, e a prece é essa forma de auxílio. Devem pensar nela com amor e carinho. A distância pode ser vencida por uma ponte feita de amor. Existem amigos que já se foram da Terra bem antes que ela e que estão auxiliando todos. Entre em contato mental com esses amigos e peça auxílio para nossa L... Confie em Deus, que, em sua bondade infinita, não deixa um só de seus filhos desamparado, mesmo que rebeldes e necessitados de corrigenda justa.

2ª mensagem (psicografia), dando notícias da paciente

Permanece a nossa irmã em situação difícil no mundo espiritual, necessitando ser resgatada do local onde se encontra. Contudo, isso só será possível no momento em que ela conseguir libertar-se de suas fixações. Tem sido difícil para a equipe de resgate ampará-la, porque ela ainda não consegue percebê-los. Está desorientada, após o seu ato de sair da vida por conta própria, vendo-se viva em seguida. Não sabe ao certo o que se passa, não entende bem o que está acontecendo. Com o pensamento perturbado e em desalinho, não permite a aproximação dos amigos espirituais. Tem sido acicatada pelos moradores do ambiente grosseiro com que se afinou e isso a deixa apavorada. Recomendamos preces e pensamentos de paz e harmonia em seu favor – e muito amor.

3ª mensagem (psicografia), de orientação diante das mágoas e ofensas que nos possam levar a atos impensados

Deus pede a cada criatura a disposição de servir àqueles que estão colocados em seu ambiente doméstico, a capacidade de perdoar as ofensas, com o esquecimento do mal que nos tenha atingido. Quando nos dispomos a isso, crescemos espiritualmente e eliminamos do nosso psiquismo a mágoa que paralisa as nossas possibilidades de ação no bem. É preciso reavaliar com cuidado as circunstâncias das nossas atitudes diante das vicissitudes. Quando todos os caminhos estiverem fechados à nossa ação pacificadora, é bom que se entregue a Deus as dificuldades e problemas, serenando o coração para que a paz esteja sempre presente, favorecendo o reajuste que precisa se efetuar, a fim de que o equilíbrio retorne. Recomendamos, nessas questões difíceis que surgem após atitudes nefastas contra a vida, a oração, em benefício não só de quem questionou indevidamente a vida, mas de todos os que sofreram no conjunto social. Dessa forma, a oração saneará o ambiente do lar dos resíduos mentais, de presenças indesejáveis do mundo das sombras, da depressão, bem como atingirá os que mais sofrem com o alívio espiritual. Para a irmã que solicitou as notícias de L..., sugerimos, além das orações, passes uma vez por semana e água fluidificada três vezes ao dia. Tomar à noite Ignatia amara 30CH.

A família, perante o ato criminoso do suicídio, permanece como que em estado de choque. Há necessidade de uma reação mental positiva rápida. O espírito de um suicida é imediatamente conduzido às regiões que possam suportar suas vibrações de peso consciencial, mas fica nos parentes e amigos todo um resíduo de perda criminosa, de contradições morais; não se sabe o que fazer, o lamento é enorme. A indicação do preparado homeopático foi providencial, visto que Ignatia amara é indicado para os momentos de grandes contradições existenciais, é chamado de o grande remédio da histeria, da exaustão mental, do pesar silencioso, angústia por morte na família, peculiar fraqueza ou vazio epigástrico diante de um grande pesar (CAIRO, Nilo. *Guia de medicina homeopática.)*.

Recentemente Desencarnada

Os parentes de d. E. M. A. M., quarenta anos de idade, falecida há apenas um mês, pediram notícias dela, na esperança de informações consoladoras. Por que não? Caso ela não estivesse ainda em condições de se comunicar, ou houvesse algum outro impedimento, os nossos amigos instrutores espirituais dariam alguma notícia, como sempre fizeram.

1ª mensagem (psicoscopia)

Localizamos a irmãzinha em lugar de repouso, recuperando-se de uma enfermidade, onde está recebendo ajuda dos tarefeiros espirituais. Parece-me que ela se encontra meio sedada, sonolenta, mas deixa perceber que está bem espiritualmente. Está consciente de que já passou para o outro lado da vida, mas a saudade dos familiares ainda é muito forte. O seu estado é bom, considerando o modo pelo qual desencarnou. Considera que cumpriu sua meta reencarnatória, embora desejasse demorar mais por aqui [entre os encarnados]. Mostra-se confiante na misericórdia divina e aguarda oportunidade para poder se comunicar. Diz que poderá ser por sonho; é só aguardar. Envia recomendações a todos. Despede-se com muita tristeza e deixa vibrações de carinho para o rapaz que solicitou notícias suas.

2ª mensagem (psicoscopia), confirmando a mensagem anterior

Ainda está hospitalizada, um pouco confusa. Mas já dá alguns passos, sempre amparada por amigos espirituais.

3ª mensagem (percepção anímica)

Essa senhora desencarnou na hora certa, como estava programado para a sua encarnação. Encontra-se num hospital, mas já apresenta uma certa consciência de seu estado de desencarnada. Tem plena consciência de que está em tratamento. Nesse momento a vejo sendo medicada por um enfermeiro espiritual. Ela recebe bem o medicamento e sorri. Quando lhe for dada alta hospitalar, não poderá comunicar-se logo com os encarnados, mas, assim que puder, virá, em visitas especiais, para matar as saudades e auxiliar, se houver necessidade.

4ª mensagem (psicografia intuitiva)

A nossa irmã ainda não tem condições de comunicar-se, pois a sua desencarnação é muito recente. Encontra-se em fase de perturbação, sem noção segura do que está acontecendo. Por ter desencarnado relativamente jovem, de uma maneira um tanto inesperada, ainda está bastante vinculada à sua realidade física, e tem sido auxiliada por entes queridos que a antecederam. Os que ficaram devem enviar-lhe auxílio por preces sinceras e amigas, resignando-se com sua partida, pois vibrações de angústia chegam até ela como liames que a prendem à Terra. Isso retarda um pouco a sua completa recuperação.

5ª mensagem (psicografia)

Algumas vezes o momento da desencarnação é de desalento e de frustração. Acostumados à realidade do mundo terreno, pode haver um sentimento de insegurança e temor quanto ao futuro. No caso de nossa irmã, ora fica lúcida e consciente, ora perturba-se, dificultando o atendimento da equipe espiritual. A amiga, contudo, já passou pelos momentos mais desfavoráveis. Agora, com mais consciência, vem aos poucos acordando e está sendo assistida. Encontra-se em local próximo à crosta terrestre. Solicitamos aos familiares e amigos que desejam ajudar que orem por ela e enviem-lhe pensamentos de paz, amor e tranqüilidade. Com certeza ajudarão imensamente para um rápido restabelecimento dessa irmã querida.

Esse espírito recebeu as preces solicitadas pelo amigo da Terra, que, por sua vez, obteve as informações que desejava. A coerência das mensagens deram-lhe essa segurança. Todos os médiuns, de um modo ou de outro, conseguiram contato com o espírito. Um deles conseguiu uma espécie de entrevista rápida. Bendita doutrina espírita que nos possibilita saber dos destinos, antes obscurecidos, dos nossos queridos que partiram. Os responsáveis religiosos de todos os tempos tentaram obstruir o caminhos psíquicos, os canais medianímicos para o intercâmbio tão necessário para os encontros saudosos dos que se amam e não podem encontrar-se. Mas o espiritismo é bênção renovada por Deus, o Consolador que veio como prometido.

Choque Anafilático

A jovem Mayra R.M. Arruda, de dezesseis anos, com o consentimento dos pais, foi para um intercâmbio cultural nos Estados Unidos. Hospedada na casa da família escolhida pela firma de intercâmbio cultural, telefonou para seus pais e, ao final do telefonema, disse estar sentindo-se mal, que tinha uma forte dor de cabeça e desligou o telefone, dizendo que ia tomar um remédio. O seu anfitrião deu-lhe um comprimido sem saber que ela era alérgica a esse fármaco. Imediatamente ela teve uma reação ao medicamento, seguida de um violento choque anafilático. O choque provoca, quase imediatamente, um edema de glote e a pessoa sente como se estivessem apertando sua garganta e morre asfixiada. Faleceu no dia 28 de outubro de 1996. Embora seu pai tenha tido notícias dela por diversos médiuns, em diferentes ocasiões, continuava com uma saudade doentia, tornou-se depressivo e triste. Num desses lances de saudades, solicitou ao laboratório medianímico do CIPES que, se possível, novas notícias fossem conseguidas, num dia em que estava presente numa sessão experimental.

1ª mensagem (percepção anímica)

Desde que estava ainda em minha casa, percebi uma aproximação espiritual que me passava um sentimento de muita saudade, uma saudade que chegava a doer meu coração. Senti uma certa pressão na região epigástrica (plexo solar). Agora, aqui na reunião, neste momento de evocação, percebo um pensamento que me chega: "A emoção é por demais forte, meu coração dispara num forte ritmo; e, na força do vento, percorro todos os caminhos pelos quais andei. Vivi, mas não me convenci de que havia mais vida do outro lado; hoje vejo tudo mais claro, como se meus olhos tivessem o poder de enxergar por todos os lados. Obrigado por me darem esta oportunidade de ajustar as minhas saudades junto aos meus, principalmente ao meu pai Alaor, aqui presente."

2ª mensagem (psicoscopia)

Logo no início da evocação, vi Mayra em pé ao lado do seu pai. Vejo que ela se encontra no mundo espiritual sob a tutela de uma senhora idosa que a tem ajudado, mostrando-lhe tudo o que se passou e o que deve acontecer. Mayra vive agora numa cidade espiritual muito parecida com as da Terra. Parece ser uma dimensão muito próxima da nossa. Às vezes, ela sente muita saudade e apego com relação à sua vida na Terra, porém tem sido agraciada com muita ajuda espiritual. Nesses momentos de saudade e de tristeza, ela tem sido socorrida com preces e passes. Tem feito muitas perguntas, procurando entender o que ocorreu com ela. Sinto como se ela vivesse, como se ainda estivesse na Terra, como se tivesse feito uma viagem para um outro país, onde os hábitos e costumes são diferentes, e ela teria que se adaptar. Tudo isso é novo e complicado, porém seu comportamento tem sido o melhor possível. Mas o apego e a saudade dos familiares falam muito alto dentro dela.

3ª mensagem (psicoscopia anímica)

Vi uma jovem loura, bonita,[31] *ao lado de seu pai, aqui na sala. Encontra-se bem no mundo onde está vivendo, apesar de sentir muitas saudades de casa. Foi-lhe oferecida a chance de trabalhar numa espécie de creche que cuida de espíritos que chegam da Terra, ainda na fase infantil. Participa de estudos para o seu próprio esclarecimento, relativos à sua situação atual, procurando entender o porquê de sua partida inesperada da Terra. Foi-lhe dito que sua desencarnação por compressão da garganta*[32] *foi devido ao fato de, em outra vida, ter se suicidado por afogamento devido a uma desilusão amorosa. Essa atitude deixou perigosos resíduos mentais de grande poder lesivo na região traumatizada. Ela encontra-se resignada e atua com amor nessa creche que recebe crianças que faleceram por afogamento e causas semelhantes.*

---

[31] A médium não havia conhecido a moça; conhecia o pai, que é moreno.
[32] A médium não sabia a *causa mortis* de Mayra.

4ª mensagem (psicografia): um espírito amigo que acompanha Mayra começou a ditar a mensagem e, em certo momento, a própria Mayra conseguiu passar o seu pensamento para a médium, sem que precisasse psicografar, a médium apenas anotou o recado

O constrangimento da separação temporária é algo que todos nós temos de passar e aprender a superar, não porque estamos separados definitivamente de nossos entes queridos, nem porque a vida seja diferente em ambas as dimensões – terrestre e espiritual –, mas sim, porque esta separação é temporária e a diferença de dimensões consiste apenas nas freqüências vibratórias diferentes das nossas ondas mentais. Sabemos que todos somos espíritos, livres ou ligados ao sistema material de modo temporário – esta é a diferença, corpos que funcionam como obstáculos que impedem o contato, a visão, a audição, o apalpar, e os que se encontram no estágio livre. Desta forma, quando nos conscientizamos dessa diferença, passamos a conviver intimamente uns com os outros, como se estivéssemos no mesmo ambiente; as diferenças se dissipam diante da vida mental plena. É uma questão de compreensão da vida, de quietude íntima para perceber a realidade espiritual e conviver com ela.

Desse parágrafo em diante a médium começou a anotar o pensamento de Mayra:

Como então não estar feliz, hoje, ao passar para o papel todos os sentimentos que me enchem a alma, querido pai? Só assim terá a certeza de que estou bem, de que compartilho dos sentimentos que lhe enchem a alma, e de que, mais do que nunca, encontro-me próxima a você, à mamãe e a todos a quem amo de verdade. Tenha certeza de que estou muito bem amparada, protegida e orientada. Fique tranqüilo e passe para todos estas notícias. Peça a todos que se lembrem de mim como sempre fui e continuo sendo. Que se lembrem de mim também nas suas preces noturnas, pois eu faço o mesmo aqui. Estou muito feliz por enviar estas palavras através desta amiga que se colocou como medianeira e a quem agradeço. Envio a todos o meu abraço muito saudoso, mas fraternal; muitos beijos. A você e à mamãe, o meu especial carinho.

5ª mensagem (psicografia), endereçada ao espírito Mayra. Até aquele momento não se tinha idéia das causas de seu sofrimento desencarnatório por suicídio numa vida anterior. Esta mensagem veio confirmar a terceira mensagem. É preciso lembrar que, na evocação, todos os médiuns estão concentrados nas suas percepções e um não sabe o que o outro escreve ou percebe

Querida irmã, que Deus seja louvado! Como sabemos, o nosso Pai Celestial nos concede sempre oportunidades novas, permitindo a nossa volta ao corpo carnal, em reencarnações sucessivas, para o nosso aprendizado. Porém, muitas vezes nós não sabemos aproveitar a oportunidade, fazendo mau uso do nosso livre-arbítrio. Mas, esperemos em Deus, com fé, que ele não nos deixará órfãos. Saibamos aproveitar as oportunidades que ele nos oferece, suplicando-lhe o perdão por nossas faltas e com fé e amor teremos certeza do seu amparo. Que o nosso mestre e senhor Jesus nos ampare e nos abençoe sempre!

6ª mensagem (psicografia), endereçada ao pai da Mayra, seu Alaor Arruda, que andava tendo surtos de depressão e muitas saudades da filha, alimentando, às vezes, pensamentos negativos e perigosos

Querido irmão:

A morte não apaga nem minimiza os sentimentos que temos em relação às pessoas a quem amamos. Dizemos isso, referindo-nos aos dois lados. Também a Mayra guarda dentro de si todos os sentimentos que tinha, quando no corpo material. Devemos procurar, portanto, vibrar sentimentos de amor, carinho e bem-estar para as pessoas que não se encontram mais ao nosso lado, no mundo corpóreo. Assim procedendo, estaremos transmitindo e recebendo sentimentos de força, consolo e amor. Sua filha encontra-se amparada e perto de pessoas que a amam muito, mas seu coração se entristece com a tristeza dos familiares e isso lhe causa angústia. Estamos aproveitando esta oportunidade para dizer-lhe que ela está bem e se sente muito feliz quando lembrada em seus bons momentos, nos momentos alegres, vividos em família. Que a paz do Cristo esteja em seu coração! Um amigo espiritual.

Seu Alaor, presente à evocação, disse sentir emoções reconfortantes e que isso o aliviava muito de suas dúvidas e questões referentes às saudades da filha, mas que estava reconfortado e que recebera muito alento e forças para suportar suas provações. Esse experimento foi realizado com base na orientação de Kardec sobre a presença de parentes quando da evocação de um espírito, cuja finalidade seria a identificação imediata (*O livro dos médiuns*, nº 273).

Neste caso, seu Alaor é um homem moreno, seu cabelo é castanho escuro, e ninguém ali, entre nós, sabia que sua filha era loura, como descrita na terceira mensagem. Ficamos sabendo depois que sua esposa era loura e que ele, não sabe por que, evitou que viesse à reunião. O alívio e a empatia sentida por seu Alaor, como pai, foi um dado importante para a certeza da presença de Mayra no ambiente, além da coerência das mensagens.

O 'Morto' Voltou?

Chegou pelo correio uma solicitação de Minas Gerais, vinda da sra. Simone Tassi C. Holzmeister, companheira espírita de Ipatinga, preocupada com o que estava acontecendo em casa após a desencarnação de um de seus membros, o seu sogro José Luiz Holzmeister. Ele havia desencarnado em Vitória, no ano de 1995, aos setenta e nove anos de idade, após um câncer de esôfago, e desde então parecia (impressão dos familiares) estar influenciando, com sua presença espiritual, o seu filho Luiz José, esposo de Simone, lá em Minas. Segundo ela, seu sogro era jornalista, um bom homem, interessado nos assuntos espíritas, mas convivia ainda com algumas de suas imperfeições humanas que precisava vencer. O nome do falecido foi colocado para o vasculhamento psíquico aos cinco médiuns disponíveis. Os resultados foram os seguintes:

1ª mensagem (psicografia), de orientação

O mundo espiritual não está situado em partes distantes do universo. Os que atravessam os umbrais da vida maior permanecem, muitas vezes, em contato freqüente com seus familiares e entes queridos. Nosso organismo, contudo, não está preparado para registrar estas presenças de modo claro. Podemos ter sensações e impressões mais ou menos vagas do contato com aqueles que partiram, buscando o silêncio interior e a prece. Os sentimentos devem ser direcionados a Deus, a fim de que as energias do pensamento dos que ficam não perturbem a recuperação dos que se foram. Oração e confiança em Deus, sempre! O Pai vela por todos nós, encarnados e desencarnados.[33]

2ª mensagem (psicografia), de orientação e de notícias do José Luiz

Poderosa é a sabedoria do Pai, que nos rege e nos orienta em todos os momentos de nossa vida. Não podemos nos julgar sós e abandonados à nossa própria sorte, só porque temos dificuldades que julgamos estar além de nossas forças. Estamos sempre acompanhados por legiões de amigos, simpatizantes de nossa causa, que querem oferecer sua solidariedade e ajuda, nos momentos mais cruciantes de nossa caminhada para o progresso moral. Quando, no momento da morte do corpo físico, nossa morada na Terra, todos vêm ao nosso encontro para nos auxiliar a restabelecer nossa sintonia com as leis da nova morada. Assim aconteceu com o nosso estimado amigo José Luiz. Foi ajudado e encaminhado a uma instituição, tão logo se desligou completamente da vestimenta carnal. Agora encontra-se em fase de recuperação e já está ciente de sua nova situação. As saudades são muitas, mas tem conseguido manter a fé no coração, o que lhe dá equilíbrio suficiente para um refazimento mais rápido. Envia um abraço para todos, bem como vibrações de
 muita paz e pede que se lembre dele, em suas preces.

3ª mensagem (psicoscopia)

Percebi um senhor sentado em uma cama de hospital, balançando as pernas como se estivesse impaciente por alguma coisa. Queria sair logo de onde se encontrava, mas pelo jeito ficará por um bom tempo por lá, em vista dos apetrechos que havia ao seu redor. Não observei nenhuma doença tipo das que conhecemos aqui no mundo corpóreo, parecia uma pessoa nervosa e agitada. Não olhou para mim, estava de cabeça baixa, não quis falar nada, foi como se não tivesse me percebido.

4ª mensagem (informação espiritual obtida por percepção mediânimica)

Alguns familiares têm contribuído para o desequilíbrio do nosso irmão José Luiz, por não aceitarem o acontecido. Pensamentos constantes de revolta íntima

[33] É preciso frisar sempre que os médiuns não sabem de antemão os motivos das solicitações. Esta mensagem veio tocar diretamente na questão proposta. Por esta mensagem parece claro que o espírito estava próximo aos familiares, realmente.

e profunda mágoa, relacionados à sua 'perda', tornam-no ainda mais confuso e angustiado, pois que essas vibrações de dor o atingem em cheio, já que os seus sentimentos ainda estão muito ligados aos que ficaram na Terra. Isso tudo o amarra ao antigo lar, mas não de uma maneira saudável, mas em forma de dependência, desespero e saudade, extremamente melancólica e desanimadora. A 'morte' não é adeus e sim, um 'até breve'. Enquanto o momento do reencontro não chega, devemos nos curvar à vontade do Pai, certos de que ele é justo e sábio e nada faz que não seja para o nosso bem. Orem sem desespero, procurando irradiar para o nosso caro José Luiz vibrações de otimismo e esperança. Isso irá ajudar a todos.[34]

5ª mensagem (um espírito falou para a médium)

Aceitar a vida após a vida nem sempre é fácil, pois ainda na Terra poucos têm o privilégio de entender a doutrina espírita. Uns por comodismo, outros por medo, por preconceito, por razões religiosas, o fato é que, ao mudarmos de 'mundo', temos que nos adaptar às novas formas e às novas idéias. Não pensem que é fácil; requer muita força de vontade para entender tudo, embora a morte seja a coisa mais natural e certa. Às vezes tropeçamos e caímos, cometemos alguns deslizes, mas sempre aparece quem ajude. Deus nunca nos abandona, não se desesperem. A vida é luta onde quer que estejamos. Fiquem em paz!

Augusto

Algum tempo depois, esse espírito esteve presente, quando o evocamos para saber mais notícias dele, já que sua nora nos deu permissão para publicar estas mensagens. O sr. José Luiz estava bem e apresentou-se bem disposto, achando todo o serviço mediúnico uma atividade muito importante, e, por uma das médiuns, pediu para participar dos trabalhos realizados na casa. O dirigente disse que toda colaboração era bem-vinda, mas outra médium interferiu, dizendo que os instrutores espirituais mandavam um recado para seu José Luiz:

---

[34] As mensagens 3 e 4 sugerem que há alguma ligação mental entre os familiares e o desencarnado, e não é uma situação saudável. As orientações estão coerentes, pedindo o equilíbrio mental dos encarnados, para alívio do espírito.

Tua disposição para o serviço é excelente, mas se queres ajudar de modo efetivo, permaneçe uns tempos dedicando-te ao aprimoramento relativo e específico às tarefas em questão.

O espírito aceitou de boa vontade e os trabalhos continuaram.

Morte Cerebral

O que está descrito abaixo é o relato de uma esposa que perdeu o marido de modo inesperado, num atropelamento, quando ele sofreu traumatismo craniano com morte cerebral. Ela narra o modo dramático e emocionado como seu marido recebeu o primeiro auxílio espiritual direto, além das preces das pessoas amigas:

Caro prof. Palhano:

No dia 13 de novembro de 1998, Haroldo, meu marido, sofreu um acidente, tendo como conseqüência fratura do crânio grave. Foi operado neste mesmo dia, porém seu estado agravou-se, sendo dado como 'morto', por morte cerebral, no dia 15 às doze horas, após serem realizados todos os testes possíveis para tal constatação. Os médicos que o assistiram disseram que tirariam os remédios e manteriam os aparelhos funcionando, até que houvesse parada cardíaca. Segundo eles, isso normalmente acontece uns trinta minutos após a morte cerebral. Porém, um dia inteiro transcorreu quase que sem alteração, somente o fato de sua pressão arterial ter abaixado um pouco. Às vinte e duas horas, a pressão dele estava 90 x 70, mesmo clinicamente morto.

Fernanda, minha filha, que é médica, disse-me que existem pessoas que vivem com essas medidas de pressão, mas ela também, que acompanhou todos os exames que foram feitos e entende do assunto, disse-me que, no caso do Haroldo, não havia condição de reverter aquela situação. Revelo que ele sempre teve muito medo de morrer e muita vontade de viver. Talvez isso o estivesse mantendo preso ao corpo.

Foi, então, que, para minha surpresa, Fernanda foi até leito, onde estava o corpo do Haroldo, e iniciou a seguinte conversa com ele, uma verdadeira evocação, com aconselhamento e sugestões:

– Pai querido, quero que saiba que nós todos o amamos muito e que não o estamos abandonando, mas, também, pai, quero que me ouça, pois sei que o senhor está em condições de me ouvir, e entenda que já não há mais vida no seu corpo. Seu espírito, sim, continua e continuará vivo. E nós continuaremos a nos comunicar pelos nossos pensamentos, pelas nossas lembranças e o nosso amor sempre nos unirá. O senhor foi um pai, marido e amigo que ninguém conseguirá esquecer. Ensinou-nos a sermos honestos, simples e a darmos muita importância ao trabalho. Mas é preciso que agora, pai, o senhor abandone este corpo e acompanhe os amigos espirituais que estão aqui, e vieram ajudá-lo. Não tenha medo, pai, pois eles são os amigos que irão levá-lo a um lugar parecido com a Terra, só que mais desenvolvido. Lá, o senhor será encaminhado a um centro de tratamento, será devidamente medicado e receberá o tratamento adequado. Receberá esclarecimentos sobre tudo isso que está acontecendo; sobre a sua nova situação como espírito livre, sem esse corpo, que é uma espécie de prisão temporária. Acredite em mim, pai, pode ir, não tenha medo. Nós estaremos pedindo e orando a Deus por você. Mas, se for o caso, se você não quiser sair agora deste planeta, se estiver com medo e inseguro, sai do corpo e vai para casa. Nós todos iremos para lá agora. Não porque o estamos abandonando, mas porque sabemos que já não há mais vida em seu corpo e que você já está pronto para ir, como um passarinho que foi tratado e a gaiola foi aberta. Você pode, voe para outros planos maiores, onde poderá esperar por nós. Tenha a certeza, pai, de que um dia todos nós nos encontraremos de novo. E, mesmo de longe, estaremos nos comunicando, através das nossas vibrações de amor e paz. Vá em paz, pai querido, e saiba que nunca o esqueceremos e que o amamos muito. Que Deus o ilumine e acompanhe!

No momento em que Fernanda iniciou a conversa, a pressão dele estava 90 x 70. Quando ela terminou de se despedir dele, a pressão caiu para 50 x 4. E acredito que foi nesse justo momento que o desligamento final de seu espírito foi iniciado.

Fomos todos para casa e nos recostamos na minha cama. Fernanda dormiu e permaneci em vigília, orando e vibrando por Haroldo, e revivendo todo o drama das últimas horas. Às 4h30 do dia 16, o telefone tocou e o médico nos informou que o coração dele havia parado de bater.

Coloquei o telefone de volta no gancho e, quase que imediatamente, senti, dentro do quarto, o perfume inconfundível que ele costumava usar (Stiletto), e, também, um cheiro fraco de cerveja (ele costumava beber, uma ou duas latinhas de cerveja, todas as noites). Afirmo que, quando eu acordava de madrugada ao lado dele, sentia o seu perfume e, em seu hálito, um pouco de cerveja. Naquela madrugada em que faleceu, foi a mesma mistura de cheiros que senti no quarto, que durou o suficiente para que pudesse identificá-lo presente, junto a nós.

Fiquei surpresa, mas você sabe das minhas percepções medianímicas. Pois bem, naquele instante, os amigos espirituais me disseram o seguinte, para o nosso consolo:

– Haroldo, quando estava no CTI, disse que só sairia dali para outros planos de vida se fosse permitido a ele que desse uma passada por casa. A última despedida.

Creia, isto foi de grande conforto para mim e meus filhos.

Diva M. Cardoso

Vitória, 30/11/98

Suas palavras, como espírito, foi de quem havia escutado as palavras da filha, orientando-o. Em nossas preces por ele, os médiuns presentes viram que não suportaria as lesões e desencarnaria; viram que os ligamentos da rede magnética de fluido vital que prende o corpo espiritual ao corpóreo estavam sendo desligados; que um espírito amigo (depois soubemos que era a irmã de Diva, desencarnada há algum tempo) estava ao lado da esposa, amparando-a todo o tempo.

Deparamo-nos aqui com a reação de uma família de orientação espírita; todos permanecendo lúcidos para melhor colaborar e auxiliar os que não aceitam ou não acreditam na continuação da vida após a morte do corpo físico e que, por isso, se desesperam e muitas vezes blasfemam.

A filha, médica, compreendendo o transe da morte, senta ao lado do pai moribundo e o instrui sobre como proceder espiritualmente na hora da grande passagem. O espírito, ligado ao corpo comatoso, escuta e se liberta, fazendo-se dócil aos instrutores espirituais, que agem em nome de Deus. O conhecimento espírita poderia estar ajudando em muitos casos idênticos a este, mas por muito tempo o preconceito falará muito mais alto. Entendemos isso.

Como este e outros casos, inclusive narrados pelo próprio Allan Kardec, verifica-se que pode haver comunicação de espírito de encarnados, de moribundos e dos ditos 'mortos', em qualquer momento, desde que haja uma evocação adequada. Não há os impedimentos que se têm inventado por aí, sem nenhuma base científica. Seria desnecessário voltar a este assunto desta forma, visto que a simples leitura de Kardec mostra as provas suficientes para esclarecer esta questão. A falta de experimentação tem feito surgir, no meio dos espíritas, idéias como aquelas que dizem poderem os espíritos comunicar-se apenas um mês, seis meses, um ano após o falecimento de seu corpo. Não é verdade. Kardec evocou o espírito de seu amigo Sanson, quando o seu corpo ainda estava sendo velado, e teve provas concretas.[35] Nas nossas anotações temos o caso de Amyres, acima, quando ela, desprendida totalmente do corpo, apresentou-se para alguns médiuns. No livro *Diário de um espírita,*[36] contamos a ascensão do espírito Peixotinho, acima de sua sepultura, logo que acabaram-se os discursos amigos, que lhe encomendavam a alma a Deus.

[35] *Revista espírita,* maio, 1862, p. 127 a 136.
[36] Lachâtre, 1ª ed., p. 204.

Notícias do Marido

Willis Rosetti, nascido no dia 5 de janeiro de 1928, em Itacibá, município de Cariacica, no estado do Espírito Santo, era cirurgião-dentista e advogado. De formação católica, tornou-se espírita por razões que marcaram sua vida, desde a sua adolescência. Era casado com d. Gúndela M. D. Rosetti. Espírita praticante, conhecia diversos tipos de atividades mediúnicas de vários médiuns brasileiros, chegando a publicar um livreto a respeito das entidades que os orientavam.

D. Gúndela M. D. Rosetti solicitou notícias espirituais de seu marido, no dia 1º de outubro de 1995. Ele havia desencarnado, muito recentemente, aos sessenta e sete anos de idade, após dois anos de severo tratamento cardiológico, iniciado logo após um infarto do miocárdio. Faleceu no dia 27 de setembro de 1995. Portanto, a solicitação de sua esposa foi feita três dias depois de tê-lo sepultado.

Informou ela que eles se amavam muito e que ele havia sido um bom marido e que possuíam conhecimento espírita. As saudades eram muitas e, após as emoções fortes da perda do esposo, estava sentindo queimação na boca, na garganta e na face. Sentia, também, muita tristeza e o peito doía quando chorava, parecendo que era a mesma dor que ele sentiu na hora de seu desenlace.

O nome dele foi apresentado aos médiuns. Logo veio uma mensagem psicografada em socorro da esposa aflita, como primeira notícia dele do mundo espiritual:

1ª mensagem (psicografia)

O nosso irmão ainda carrega fortes impressões do corpo e das lembranças de seus atos, com seus erros e acertos. Ainda não aceitou plenamente o seu estado de desencarnado que, segundo ele, foi prematuro, esquecido de que, pelo modo como viveu, acabou por contribuir na precipitação dos acontecimentos.

Embora triste, tem sido esclarecido com carinho por aqueles que o acompanham no mundo espiritual. Fatos que alguns familiares desconhecem falam em seu favor e suavizam, como atenuantes, seu estado de enfermo recém-chegado ao hospital espiritual.

A família deve orar por ele e, nos momentos de saudades e lembranças, emitir pensamentos de carinho, afeição e confiança na providência divina.

Quando confiamos em Deus, entregamos-lhe a guarda e o encaminhamento dos nossos entes queridos que partiram antes de nós. Confiemos!

Paz!

Outro médium, pela psicografia, percebeu um espírito, um senhor sério, preocupado e ensimesmado. De imediato, ele não quis responder às perguntas mentais feitas a ele (os médiuns são treinados para questionar o porquê das presenças espirituais). Ele parecia re-

fletir em tudo o que estava acontecendo.

O dirigente, posteriormente, pediu à esposa de seu Willis que se acalmasse, confiasse em Deus e desse mais um tempo para que o espírito se reequilibrasse, após tratamento adequado, na região espiritual em que se encontrava. Já era uma boa notícia sabê-lo amparado.

Um mês e três dias depois, a 31 de outubro de 1995, ela novamente pediu notícias do seu Willis. Novas mensagens vieram: houve duas psicografias e uma percepção psicoscópica:

2ª mensagem (psicografia), sobre o espírito evocado

Quando partimos do mundo, ainda não devidamente preparados para a vida espiritual, chegamos a ela completamente desnorteados, sem saber direito o que está a nos suceder. Acreditamo-nos mortos, mas como? – se ainda estamos respirando, enxergando, sentindo e pensando como antes? É assim que se encontra o nosso amigo Willis. Percebe-se vivo como antes, procura localizar-se junto à sua casa terrestre e junto aos seus familiares que ficaram. Mas não é visto nem percebido, nem ouvido em seus lamentos. Está ainda um tanto desnorteado, embora amparado por enfermeiros espirituais. É necessário que seus familiares o ajudem, orando com sinceridade e amor, para que o seu coração se suavize nos bálsamos revigorantes da prece intercessória, e, então, receba melhor a ajuda dos extremados amigos espirituais que o assistem agora. Aconselhamos que sejam feitas preces em conjunto, durante as reflexões do estudo do evangelho no lar, semanalmente, pedindo o auxílio do alto. Cada um dos familiares mais envolvidos e conscientes deve também praticar a seguinte disciplina:

1 – leitura do Evangelho à noite, diariamente, seguida de meditação e prece endereçada ao Pai Celeste, suplicando-lhe ajuda para todos e, em especial, para o seu Willis;

2 – água fluidificada duas vezes ao dia;

3 – freqüência a uma reunião doutrinária espírita, pelo menos uma vez por semana;

4 – passes, uma vez por semana.

Isso ajudará no refazimento geral, repondo as forças perdidas com as fortes emoções advindas da perda da presença material do nosso companheiro.

Uma das médiuns conseguiu, dessa vez, que ele respondesse ao seu apelo de dizer algumas palavras aos seus familiares, dizendo-lhe que a oportunidade era aquela e que ela escreveria o que ditasse:

3ª mensagem (ditado mediúnico)

Para minha família:

Encontro-me acamado em uma espécie de hospital, refazendo-me dos meus problemas e das fortes impressões corporais que trouxe comigo. Para mim foi tudo muito difícil. Fiquei algum tempo sem entender o que estava se passando comigo e não percebia o socorro fraternal que já estava recebendo. Quando dei por mim e percebi que estava desencarnado, orei com muita fé e aí então percebi os socorristas. Ainda não me encontro em condições de enviar mais notícias. Quando puder, e me for permitido, podem estar certos de que as enviarei. Lembranças a todos.

Willis

Em seguida, foi ouvida a médium que o estava percebendo (psicoscopia) no ambiente:

4ª mensagem (psicoscopia)

Ele está aqui. Chegou quando o nome dele foi proferido, informando que a esposa dele pedia outras notícias. Está um pouco calado e triste. Ele confirma as mensagens recebidas pelos médiuns. Ele realmente ainda se encontra tristonho e meio atordoado, por isso ele veio trazido por abnegados enfermeiros do mundo maior. A família está lembrando dele com muita tristeza e isso o está atormentando, deixando-o mais triste do que deveria, sente tudo o que a família sente, e isso o perturba muito. Ele foi trazido para confirmar todas as mensagens.

Foi pedido à família que desse mais um tempo, que mudasse a atitude mental, de acordo com as mensagens, confiasse mais na providência divina. D. Gúndela, esposa, entendeu tudo e procurou refazer-se em suas emoções, mas a saudade apertou e ela solicitou novas notícias no dia 5 de dezembro de 1995. O dirigente acatou o pedido, pois percebeu que ela o fazia com sinceridade de uma verdadeira saudade e vontade de ajudar o marido. Novas informações mediúnicas chegaram:

5ª mensagem (psicoscopia)

Esse senhor se encontra num quarto de hospital, sendo assistido em tratamento, mostrando grande fraqueza ainda. Ele perturbou-se, quando percebeu que estava desencarnado. Mas ao lado dele há uma senhora bem idosa que o trata com muito carinho, como se fosse alguém da família, que já desencarnou. Vejo muitos aparelhos ao redor dele, transferindo-lhe fluidos e energias diversas. Vejo, também, que ele está enfaixado no tórax e abdômen, e passa a maior parte do tempo dormindo, sob efeito de medicamentos que também têm a propriedade de fortalecê-lo. Ele não sofre mais. Vejo muitas vibrações de amor, dirigidas a ele pelos familiares. Essa é a grande ajuda de que ele necessita. Está muito bem assistido espiritualmente.

6ª mensagem (psicografia), de um amigo espiritual endereçada à esposa

Filha,

Por que insistir em atitudes que te deixam presa a situações e circunstâncias que já não estão presentes em teu mundo material? Aguarda com fé e paciência, que terás mais informações sobre o assunto que tanto te envolve e absorve. Por ora, fica com a certeza de que o teu querido está amparado e recebendo a ajuda de que necessita. É preciso, porém, que te desligues um pouco de tudo isso, para que ele também possa receber o alívio que o ajudará a se estabilizar mais rapidamente. Se continuas aflita, desejando que ele envie palavras de conforto, ele, que agora pouco pode fazer por si mesmo, no estado em que ainda se encontra, de refazimento, provocará mais aflição, porque vocês estão ligados pelo fio do pensamento e todas as sensações são sentidas e revividas mutuamente. Ora com amor e paciência, como uma mãe orando pelo filho que se restabelece de momentos difíceis. Estamos junto a ambos, confiando na providência do Pai Celestial e no seu misericordioso amor paternal. Que a paz esteja em seu coração.

Um amigo espiritual

7ª mensagem (psicografia) – veio do diretor espiritual dos trabalhos, através do dirigente encarnado, como uma ordem de definição para a questão

O nosso companheiro Willis Rosetti encontra-se em refazimento de suas forças e há alguma dificuldade quanto ao apego às coisas materiais, contudo, existe todo um esforço para a recuperação de seu equilíbrio. Sente muitas saudades. Tão logo se refaça, virá, pessoalmente, por ele mesmo, dar notícias aos familiares. No momento, encontra-se numa estância de repouso para recompor-se espiritualmente. Aguardemos!

De fato, a esposa esmerou-se junto aos familiares para que Willis Rosetti pudesse ter o máximo de paz e tranqüilidade na estância espiritual de refazimento onde estava. Dez meses depois, ela retornou a solicitar notícias do saudoso esposo. Como ela é uma devotada companheira das lides espíritas, foi-lhe permitido permanecer no ambiente dos trabalhos.

Em dado momento, sem que ninguém que ali estava houvesse conhecido seu Rosetti, uma das companheiras médiuns disse estar vendo um espírito que dizia ser o marido de d. Gúndela. O dirigente, então, pediu a d. Gúndela que se assentasse ao lado da médium. Daí, pediu à médium que relatasse para d. Gúndela o que estava percebendo. A médium descreveu o espírito e a confirmação foi imediata. Kardec já havia preconizado sobre a importância da presença de um parente para identificar o espírito evocado (O livro dos médiuns, questão 273). Houve também outras mensagens.

8ª mensagem (psicografia), de instrução

A perturbação que se segue ao fenômeno da morte dificulta a conscientização imediata de si mesmo. Não há tempo delimitado para o término dessa experiência de transição. A oração é o recurso que pode favorecer o equilíbrio e restaurar a paz. Nada há que ocorra sem a permissão de Deus. Deve a criatura voltar o pensamento ao Pai e buscar seu amparo, para vencer as dores e as dificuldades da vida.

9ª mensagem (psicografia), do próprio Willis Rosetti

Pai amado, de misericórdia, abranda os corações aflitos dos que amam aqui na Terra, o amor da posse e da angústia de querer para si sempre tudo, sem contar com as agruras do caminho, próprias para o crescimento de cada um. Abranda as paixões humanas que cegam aqueles, que, necessitados de uma visão mais ampla, ficam bloqueados em seu orgulho e paixão desmedida pelas coisas do mundo. Sabendo-nos passíveis de correção pelo malfeito praticado outrora, não poderíamos nos revoltar contra as leis de corrigenda, que nada mais fazem senão nos libertar dos ranços do passado. Consultem seus corações, filhos amados, e verão que estamos sendo felicitados pelo Senhor com a possibilidade de novos acertos, com as chances de nos reconciliarmos com nossos desafetos e a garantia de nos melhorarmos novamente, em condições muito melhores do que as em que os deixei. Estou feliz por poder estar escrevendo a todos vocês algumas linhas da emoção que me enche o coração neste momento e por mostrar-lhes que o Pai Celeste é infinitamente bondoso com seus filhos e a todos oferece as mesmas chances de crescimento espiritual, independente de suas ações do pretérito. Quero que saibam que me encontro de certa maneira feliz, apesar das saudades de todos. 'Minha velha' querida, abraços e beijos não seriam suficientes para transmitir-lhe o que sinto, no entanto, aqui vai minha vibração de muito amor.

Willis

10ª (e última) mensagem

Esta mensagem tem um aspecto identificatório muito interessante e importante pela sua espontaneidade. O dirigente dos trabalhos, antes de entregar qualquer resposta ao solicitante, primeiro leva todas as informações obtidas para casa e compara-as com as informações do protocolo; providencia um laudo de orientação, enviando para o interessado apenas as informações úteis. Desta vez, em seu gabinete, na sua casa, o dirigente analisou todos os processos. Após examinar a solicitação de d. Gúndela, tomou lápis e papel timbrado e pensou estar fazendo o laudo:

Desde o instante que Deus, nosso Pai Celestial, chama os nossos para a suprema prestação de contas, é necessário que respeitemos, com toda a fé que nos garante o entendimento espírita, a vontade da providência divina, entregando aqueles que achamos nos pertencer aos seus cuidados divinos. Confiemos na proteção e amparo do Pai Celestial, tanto para eles quanto para nós. Que nossas saudades não sejam motivos de prisão para a nossa alma e nem perturbem os que partiram. Sempre novos caminhos e novos afetos encontramos à nossa frente, se estamos atentos aos desígnios de nosso Pai. Que Deus nos abençoe! Paz!

Qual não foi a surpresa, quando d. Gúndela, satisfeita em ter podido receber todas aquelas bênçãos espirituais (isso é importante na identificação, o sentimento de quem recebe as comunicações de seus mortos), ao enviar-nos cópias das mensagens recebidas para que constassem deste trabalho, escreveu-nos o seguinte bilhete, refe-
rindo-se ao que era considerado um laudo apenas:

Dr. Palhano,
Este era o jeito de Willis falar, e a letra também é dele (muito parecida). Achei Esta mensagem linda.[37]
Gúndela

Neste caso não há necessidade de maiores comprovações, visto que d. Gúndela deu permissão para a publicação das mensagens, para consolo de outros corações que precisam saber que seus 'mortos' vivem.

Recentemente, em 19 de fevereiro de 1998, numa das sessões do CIPES, d. Gúndela e a filha Simone vieram nos visitar, pois era uma data próxima do aniversário de d. Gúndela e a saudade do marido bateu forte. Permaneceram toda a sessão sentadas, um tanto afastadas da mesa dos trabalhos. No final da sessão, o espírito Willis Rosetti foi evocado e ele, apresentando-se, segundo a médium L..., aproxi-

[37] Empatia bem definida com a vibração da mensagem.

mou-se dos mentores espirituais dos trabalhos e pediu permissão para tentar um contato físico com seus familiares presentes. A permissão foi concedida e a própria médium L.... pediu ao dirigente da reunião permissão para se levantar e dirigir-se às visitantes. Permissão concedida, a médium levantou-se e deu as mãos às duas e, após certo tempo, abraçou-as. Elas, emocionadas, choraram. Logo em seguida, foram colhidas as percepções e impressões de todos os que estavam presentes, principalmente das três, que participaram mais diretamente do contato com o espírito que se manifestava pela médium.

Depoimento de d. Gúndela:

– Senti como se a mão da médium fosse a de meu marido, como se a mão fina da médium crescesse nas minhas mãos, aliás, foi como se ele estivesse me abraçando. Era como se fosse ele mesmo. Para mim foi um momento de felicidade e lembrei-me de que ele sempre pedia para que eu não chorasse, para que, quando tivesse vontade de chorar por ele, rezasse, que evitasse emocionar-me muito, para não prejudicá-lo. O abraço que senti foi o abraço dele, desejando-me felicidades, tudo de bom, por minha data natalícia. Eu também

desejei tudo de bom para ele também.

A pedido do dirigente, d. Gúndela pegou novamente nas mãos da médium e disse:

– Não eram estas mãos, eram mais grossas e mais pesadas também.

D. Gúndela ainda informou:

– Mentalmente, ele me deu alguns conselhos: – Minha filha, não corra com o seu carro, já te pedi tanto isso. Tenha paciência com os filhos. Também desejo muitas felicidades para nossa filha que se casou agora, que ela seja feliz e receba de você o meu abraço espiritual.

Simone pediu para falar, explicando:

– Papai sempre foi muito carinhoso. Sempre sentiu essa necessidade de abraçar e passar a mão nas costas da gente, como a médium fez. Ele estava presente durante toda a reunião, posso dizer isso com segurança, pois tenho conversado com ele mentalmente, e sei que está aqui conosco.

Depoimento da médium L...:

– Senti que o espírito Willis Rosetti aproximou-se de mim, no momento que o professor Palhano estava fazendo a prece de evocação. Tive vontade de levantar-me. Ele verificou que eu seria a médium aqui mais propícia para passar suas emoções, pois sou muito emotiva. Ele pediu aos diretores espirituais a possibilidade de servir-se de mim, do meu contato físico, para que suas queridas tivessem um parâmetro de comparação para a percepção mais física dele. Pediu-me que desse as mãos a elas, mas elas não iriam sentir as minhas mãos, mas as dele mesmo. Senti muita emoção, mas não era a minha emoção, era a emoção dele. No momento em que elas o identificaram, ele então me pediu que as abraçasse e passasse as mãos nas costas delas. Não percebi nele a necessidade de falar.

Depoimento da médium J...:

– Percebi essa entidade solicitando a possibilidade de se aproximar e, logo em seguida, L... falou que o espírito dirigia-se a ela. Ele não falou pela L... porque, durante o contato físico entre as três, ele passou-me, mentalmente, esta mensagem que anotei aqui:

– Minhas queridas, quanta felicidade! Não cabe em meu peito tudo de bom que sinto neste momento. É como se o céu se abrisse em luzes e nos enchesse a todos com muita luz e muita energia. A felicidade é tanta que não consigo falar, apenas sentir as vibrações de amor que vêm de vocês. Quero agradecer aos céus, ao Pai Celeste, esta oportunidade maravilhosa, inesquecível. Graças a Deus!

O médium W... psicografou a seguinte mensagem:

Louvado seja Nosso Senhor Jesus Cristo. Como é bom ser lembrado com amor. Como é gratificante estar entre amigos. Receber os eflúvios de carinho. Rogo ao nosso Pai Celeste as bênçãos para todos. Um abraço carinhoso para os meus familiares, de todo o meu coração espiritual. Rogo ao nosso mestre Jesus o amparo a todos os meus irmãos da nossa Casa Espírita S. C.

Essas palavras foram reconhecidas pelos familiares como sendo realmente do estilo de le falar, inclusive d. Genny, presente, uma das diretoras do centro citado, deu também o seu depoimento:

– Veio-me à mente a imagem dele, quando ele falava para as pessoas no auditório, de pé, virado para a assistência, lendo o Evangelho e explicando, com aquele seu modo peculiar. Durante a manifestação dele, aproveitei para fazer uma prece por ele e senti que ele recebeu muita luz. Foi uma prece muito bonita e me pareceu intuída por uma entidade que nos tem orientado em nosso centro. Nessa prece foi pedido que ele se fortalecesse sempre mais e crescesse espiritualmente. Ele, então, desejou muita paz para a família.

Pelo longo percurso deste caso, d. Gúndela estava tranqüila e suas emoções bem controladas, podendo analisar as ocorrências com certa serenidade, reconhecendo as próprias emoções como sendo verdadeiras, diante da possibilidade de estar falando com seu querido esposo; o mesmo é possível falar da filha. Consideramos completo esse caso, visto que, em todos os lances, os parentes estavam presentes e identificaram o saudoso ente querido.

Prece pelos Espíritos Desencarnados[38]

Senhor Deus,

Amantíssimo e Todo-Poderoso,

Senhor da Vida:

Esta oração que fazemos agora não é para nós, espíritos encarnados, que estamos no mundo material, vivendo as nossas provações e nossos aprendizados junto às tuas leis. É por aqueles que daqui já partiram, que provaram mais uma vez as sensações da matéria, que existiram por horas, dias, meses e anos, sem a visão ampla da própria consciência, embargada pelo anteparo do corpo físico, que sofreram a duração e as seqüências do tempo, vencendo os espaços com o cansaço muscular e nervoso, e que agora estão na dimensão espiritual, e por aqueles espíritos que se aproximam deste mundo para colaborar com a humanidade.

Por cada um deles, oramos, neste momento de reflexão, pois gostaríamos que assim fizessem para conosco, após a nossa própria partida. Queremos que tuas luzes de paz e esperança desçam sobre todos eles, de modo que percebam o caminho que conduz ao teu santo regaço:

Pelos espíritos inferiores, mas ignorantes ainda, rogamos as tuas bênçãos para que não aceitem as sugestões do mal e percebam apenas os caminhos do bem, do aprendizado e da consciência de si mesmos;

Pelos espíritos imperfeitos e maus, que recebam as tuas luzes e se arrependam dos males praticados para que possam ver-te um dia em toda a tua plenitude, como também nós desejamos, sabendo que também somos imperfeitos como eles;

[38] Num momento de inspiração, quando o autor providenciava a redação dos originais desta obra, no dia 28 de setembro de 1997.

Pelos espíritos bons, que recebam mais ânimo para conseguirem os recursos da perfeição, galgando com o próprio esforço a escada espiritual, que já estão subindo, e que leva ao teu reino de justiça e misericórdia;

Pelos espíritos superiores, teus mensageiros, que vêm a este mundo para trazer aos homens os teus ensinamentos, as tuas leis e a tua vontade, que eles continuem a receber teus recursos celestes e repassá-los a nós, criaturas sempre carentes de tua presença, rogamos que deixe-os bem próximos a nós, para que, por meio deles, sintamos a tua fortaleza;

Aos espíritos puros, teus cooperadores, que já se identificam contigo, que não se esqueçam de nós, almas peregrinas das dimensões menores do teu reino, que venham a nós, envolvendo-nos nas doces vibrações de amor e de plenitude eternais, mantendo viva em nós a tua própria presença.

Enfim, que todos os espíritos, cada um em sua posição perante a ti, percebam a nossa oração sincera, e com isso se sintam recompensados e animados a prosseguirem em seu progresso, em sua evolução, em sua missão, gravitando, cada vez mais, para perto de teu coração amantíssimo.

É o que pedimos, é o que desejamos.

TERCEIRA PARTE

Discussão

Muitos dizem, sem nenhuma base científica, que um espírito não pode comunicar-se senão algum tempo após a sua desencarnação, pois estaria por demais perturbado para manifestar-se. Dizemos que isso não é a realidade, mesmo porque, em alguns velórios dos quais participamos, os desencarnados apresentaram-se aos videntes (leiam-se o caso de Amires, em *Diário de um espírita,* um dos nossos livros citados acima, e o do Peixotinho, no livro *Dossiê Peixotinho,* também de nossa autoria). Para valorizar mais ainda esta afirmação, é possível verificar no livro *O céu e o inferno,* de Allan Kardec, logo na primeira evocação dos espíritos felizes, o espírito Sanson, que fora membro da sociedade espírita de Paris, e que havia deixado uma carta dirigida ao presidente da sociedade, solicitando que o evocassem logo após a sua morte, o mais breve possível, para que pudesse descrever o fenômeno do desenlace do corpo. Kardec o fez na própria sala mortuária onde o corpo de Sanson estava sendo velado, ao que o espírito respondeu: "Atendo ao vosso chamado para cumprir a minha promessa." Disse mais, que já se sentia ditoso e que, após umas oito horas da sua morte, já havia recobrado a lucidez das idéias. O fator tempo neste caso não constituiu problema. No entanto, na impossibilidade de o espírito evocado se comunicar, algum outro espírito guia dará as informações necessárias.

Muitos espíritas têm divulgado, em suas mensagens e oratórias, que a prática da evocação dos espíritos é muito perigosa; que os espíritas, mesmo em trabalhos sérios, seriam enganados por obsessores, que nem todos os espíritos podem se comunicar, que é preferível deixar que os próprios guias escolham quem deva ou não se comunicar. Falam isso com palavras fantasiadas de erudição, sob assinaturas de espíritos que foram importantes ao movimento espírita quando estiveram na Terra, embora essas mesmas personagens tivessem evocado os espíritos em sua época. De um modo velado estão, outra vez, proibindo a evocação dos mortos, como já fizeram, no passado. Temos em mãos documentos suficientes para afirmar isso. Ora, isso é impedir a nossa participação mais consciente no trabalho, pois as instruções de Kardec mostram justamente o contrário. Será possível que temos de nos utilizar dos ensinos de Kardec para combater idéias contrárias dos próprios espíritas? Outrora lutávamos contra as igrejas constituídas, agora temos que vigiar dentro das nossas fileiras.

Através das evocações conscientes e seguras, é possível ajudar muitos espíritos sofredores e também obter-se um aprendizado importante. Passamos a citar a palavra de Allan Kardec, autoridade máxima entre nós, os espíritas, e não há ainda na Terra quem tenha autoridade bastante para contradizê-lo nessa questão:

> Todas as razões alegadas para condenar as relações com os espíritos não resistem a um exame sério. Pelo ardor com que se combate nesse sentido é fácil deduzir o grande interesse ligado ao assunto.

> Daí a insistência. Em vendo essa cruzada de todos os cultos [agora entre os próprios espíritas] contra as manifestações, dir-se-ia que *delas se atemorizam.* O verdadeiro sentido poderia bem ser o receio de que os espíritos muito esclarecidos viessem instruir os homens sobre os pontos que se pretende obscurecer, dando-lhes conhecimento, ao mesmo tempo, da certeza de um outro mundo, *a par das verdadeiras condições para nele serem felizes ou desgraçados.* A razão deve ser a mesma por que se diz à criança: "Não vá lá, que há lobisomens." Ao homem dizem: "Não chameis os espíritos: são o diabo." Não importa, porém: impedem os homens de os evocarem, mas não poderão impedi-los de vir aos *homens para levantar a lâmpada de sob o alqueire*. (Allan Kardec – *O céu e o inferno,* 1ª Parte, Cap. XI, nº 14).

Pasme o leitor, em nossas andanças por esse Brasil espírita, encontramos líderes que sugerem a extinção das reuniões mediúnicas, pois que elas não são necessárias. Dizem que a doutrina se basta, como se estivessem defendendo o espiritismo nesse falso elogio. Vemos com tristeza tudo isso, e, se o caro leitor estiver atento, verá que essa atitude é mais comum do que se possa imaginar. A fala de

Kardec, transcrita acima, era para os contrários à idéia espírita, mas vale também para os maus espíritas. Por uma só razão, é possível destruir aquele raciocínio, para nós ignóbil e doutrinariamente falso: ao impedir o andamento das reuniões mediúnicas, impede-se automaticamente a participação mais direta dos nossos guias e orientadores espirituais.

Aos que têm receio de terem apontadas suas faltas morais pelas percepções dos médiuns, seria um engano impedir as reuniões, pois, onde há médiuns, há espíritos informando, mesmo sem reuniões; o que temos visto é que os médiuns, em sua maioria, são pessoas dignas e não alardeiam as mazelas dos outros. Que ninguém se engane ao pensar que estão enganando de alguma forma a espiritualidade e as percepções medianímicas dos médiuns honestos e caridosos: "Portanto, não os temais; porque nada há encoberto que não haja de revelar-se, nem oculto que não haja de saber-se." (Mt 10,26).

Outro fator que também dificulta o *trabalho seguro* com a mediunidade é a incompetência, principalmente dos que não estudam e nem têm condições intelectuais ou um mínimo de piedade e/ou humildade, para se submeterem às questões sérias, advindas do intercâmbio com o mundo invisível.

Insurgimo-nos contra tal situação de modo bem positivo, quando, sem apontar o dedo, buscamos o caminho da experimentação científica, questionando e obtendo resultados reproduzíveis, capazes de serem obtidos nas condições estabelecidas no método aplicado (que será discutido adiante).

Como se isso não bastasse, ainda com relação à evocação, Kardec, em seguida, nessa mesma obra que acabamos de citar acima, deixa clara a força que tem o espiritismo na recuperação moral e doutrinação dos espíritos:

> Força é confessar, porém, que pelos conhecimentos que [o espiritismo] fornece, pelos sentimentos que inspira, como pelas disposições em que coloca o Espírito, fazendo-o compreender a necessidade de melhorar-se, facilita enormemente a salvação. Ele dá a mais e a cada um os meios de facilitar o desprendimento *doutros Espíritos* ao deixarem o invólucro material, abreviando-lhes a perturbação pela evocação e pela prece. Pela prece sincera, que é uma magne-

> tização espiritual, provoca-se a desmaterialização mais rápida do fluido perispiritual; pela evocação criteriosa, sábia, prudente, com palavras de benevolência e conforto, combate-se o entorpecimento do espírito, ajudando-o a reconhecer-se mais cedo e, se é sofredor, insinua-se-lhe o arrependimento – único meio de abreviar-lhe os sofrimentos. (*O céu e o inferno*, 2ª Parte, Cap. I, nº 15.)

A nossa tarefa com este trabalho é, apoiados em Kardec, outra vez, tirar os mitos com os quais os próprios espíritas envolveram a prática de evocar os espíritos, numa tentativa de acabar de vez com a proibição e o medo que há, por parte de alguns, nos meios espíritas. Para tal finalidade, estamos propondo técnicas seguras e confiáveis do transe canalizado e da varredura medianímica, que nada mais são do que um desenvolvimento dos estudos de Kardec.

Vejamos as técnicas utilizadas: quando queremos obter um resultado confiável em qualquer setor de nossos afazeres do cotidiano, primeiramente, aprendemos tudo a respeito do assunto, procuramos pessoal competente ou providenciamos treinamento especial para os nossos funcionários. A especificidade da tarefa mediúnica exige esse comportamento, pessoal treinado. Evidentemente, pelo visto, não se tem esse tipo de equipe nas nossas agremiações espíritas de hoje. Há um comportamento um tanto aleatório, o qual sugerimos seja neutralizado, visando ao início de um trabalho mais consciente a respeito das atividades mediúnicas, como preconizou sobejamente Allan Kardec em suas instruções relativas às reuniões espíritas.

É claro que os nossos centros espíritas contam com reuniões mediúnicas, até numa gama de variedades muito grande. Contudo, quase sempre à moda do seu fundador, e muitas vezes sem um objetivo, sendo que os fatos vão acontecendo e todos vão acompanhando como podem. Ora, se é possível controlar a força medianímica e colocá-la sob nossa guarda, por que não o fazemos? Mudanças profundas deverão ser feitas, como, por exemplo, acabar com a presença e a 'necessidade' de um *médium principal*. Isto porque está provado que cada médium tem a percepção de acordo com o seu nível de alcance psíquico, e, quando colocamos esse ou aquele médium numa equipe, verificamos que ele não é capaz de perceber todos os lances que envolvem um determinado assunto e, naturalmente, é complementado por outros da equipe. (Veja nosso trabalho *Laudos espíritas da loucura*, editado pela Publicações Lachâtre).

Em nossos experimentos com a técnica da *varredura medianímica*, isso ficou bem evidenciado. Enquanto um médium recebe informações sobre um determinado espírito, outro médium é capaz de captar seus pensamentos, e outro ainda capta seus problemas, suas dores, suas alegrias, suas verdadeiras intenções, não deixando margem de dúvidas ou mistificações.

Para que se consiga essa segurança é preciso treino, do dirigente, dos doutrinadores, dos médiuns. Os médiuns precisam treinar o domínio mental, e isso se consegue pela meditação diária para o autoconhecimento, como está descrito na questão 919 de *O livro dos espíritos.* Por que isso? Justo, pois se o médium não é capaz de reconhecer quais são os seus próprios pensamentos, como reconhecerá a sutileza dos pensamentos estranhos que lhe chegam?

Depois, o treino propriamente dito vem com o médium tentando alcançar psiquicamente apenas as vibrações que envolvem o assunto solicitado para que seja vasculhado. Por exemplo, o dirigente pede ao médium que verifique o que acontece com determinada pessoa que
solicitou ajuda espiritual. O médium deve ater-se ao que se pediu, e não derivar suas antenas psíquicas para outras questões. Sugerimos que os médiuns, a título de exercício, comecem respondendo quatro questões: 1 – Qual é o problema? 2 – Qual a causa do problema? 3 – O que pode fazer a respeito ou o que foi feito espiritualmente para ajudar? 4 – Recomendações (se não souber, pergunte ao guia que se apresentar). É uma base para o transe canalizado (Veja *Transe e mediunidade*).

Como controlar isso? O dirigente deverá estar informado ou de posse de um prontuário ou protocolo. Assim, ele sabendo do que se trata, acompanhará todas as respostas obtidas durante o momento do transe canalizado. É preciso lembrar também que o grupo, a essa altura, deverá também estar uniforme em seus propósitos e, logo no início da reunião, deve ter se formado um campo psíquico, o todo coletivo que Kardec enunciou, no qual todos estão ligados, amparando-se mutuamente sob o influxo das inspirações dos espíritos responsáveis.

No caso específico da evocação dos mortos, esse método é de especial eficácia, pois, ao ser lembrado pela prece ou pela discriminação de seu nome, todos os médiuns o procuram e ele, recebendo o chamado, vem atender, agindo sobre os médiuns que lhe são mais afins. Os outros médiuns o verão, o perceberão, a ele e aos seus problemas e tudo o mais que lhe for afeto. De qualquer forma, em se tratando das forças medianímicas, que estabelecem o intercâmbio com as dimensões espirituais, neste mundo, a melhor defesa é o sentimento treinado no bem e a maior força é a do coração puro. Aqueles que não se dispuserem a reformular seus propósitos de vida para melhor, não devem participar do usufruto dessas energias, pois acabariam por ligar-se a forças inferiores. Aos vaidosos, orgulhosos, irreverentes, viciados, maledicentes e cultivadores de imperfeições morais, aconselhamos a mesma coisa. Não estamos aqui exigindo santidade de ninguém, visto que isso na Terra é quase impossível, mas estamos sugerindo que os adeptos espíritas que queiram trabalhar com a mediunidade, médiuns ou não, devem cultivar a sobriedade no viver, em tudo.

O número de pessoas numa reunião especializada para aplicação e controle consciente da força medianímica deve ser reduzido, visando à obtenção de uma harmonia, entre todos, mais permanente. Digamos, seis médiuns, um doutrinador passista e o dirigente. Cada

assunto pode ser colocado para três médiuns, os temas mais difíceis de serem solucionados para os seis, inclusive as solicitações de notícias de entes queridos falecidos. Os resultados são muito bons. Haja vista os exemplos citados anteriormente.

Um dos grandes problemas a serem resolvidos é o receio preconizado de que a evocação é uma prática perigosa. Não é, se o grupo estiver certo de seus propósitos elevados. Um dos recursos para a medição deste parâmetro é justamente quando o grupo está apto para atender aos grandes desesperados e aos grandes criminosos, com resultados satisfatórios, sem seqüelas para os médiuns, sem resíduos mentais, sem influências ruins depois do trabalho. A formação do campo psíquico é um forte recurso de proteção contra interferências estranhas, pois só é possível penetrarem nesse campo as mentes que com ele se afinarem, ou aquelas mentes que foram auxiliadas para isso, atendendo aos ditames dos objetivos do trabalho.

Outra grande questão é a identificação dos espíritos evocados. Essa questão está muito bem estudada em *O livro dos médiuns* (Capítulos XXIV e XXV) e não há necessidade aqui de repetir as orientações de Kardec a respeito. Contudo, ousamos dizer que avançamos em algum ponto, quando propomos a valorização da *percepção anímica* acima do canal pelo qual vem a mensagem (Veja o nosso trabalho *Transe e mediunidade.*). Os médiuns vêem o espírito que chega ao ambiente ou, numa projeção espiritual, o alcançam onde estiver, sempre dentro do campo de proteção e força. Como são vários médiuns a vasculharem um objetivo único, verificamos que vêem a mesma coisa e ainda complementam-se, com suas percepções. Some-se a isso a reação positiva do familiar que recebe a informação. Quando é verdadeira, há uma emoção especial, há uma aceitação, não por credulidade, mas porque o espírito evocado também deseja sensibilizar seu familiar para que se sinta útil, como foi o caso de Julieta Neves Gomes, citado anteriormente.

A segurança dos resultados está diretamente ligada à natureza dos propósitos dos que se reúnem para esse fim. Quando há necessidade de mais um toque de certeza para o solicitante, os espíritos orientadores, algumas vezes de modo sutil, deixam transparecer uma informação que por si só fala alto, como foi no caso anteriormente transcrito, onde foi citado o apelido de Maria Guilhermina (Tita). Os familiares perceberam imediatamente que havia uma informação verdadeira naqueles textos. Outras vezes, a complementação das informações vindas dos médiuns é tão evidente, que não há como negar que algo de verdadeiro ocorreu. Sem contar as confirmações com os dados dos prontuários que não são conhecidos dos médiuns.

Ainda quanto a essa questão da identificação, acreditamos ter avançado um pouco diante das preocupações de Allan Kardec. Vejamos o que ele diz no item 274 de *O livro dos médiuns:*

> Convém igualmente que só com muita prudência se façam evocações, na ausência das pessoas que as pediram, sendo mesmo preferível que não sejam feitas nessas condições, visto que somente aquelas pessoas se acham aptas a analisar as respostas, a julgar da identidade, a provocar esclarecimentos, se for oportuno, e a formular questões incidentes, que as circunstâncias indiquem. Além disso, a presença delas é um laço que atrai o espírito, quase sempre pouco disposto a se comunicar com estranhos, que lhes não inspiram nenhuma simpatia.

Ora, a primeira coisa que verificamos é que, geralmente, o espírita trata essas questões muito seriamente. Quando se está pesquisando algum assunto, certos espíritos que estudaram e escreveram, por seus médiuns, esses assuntos, eles mesmos se aproximam dos estudiosos e são vistos pelos médiuns presentes. No caso da solicitação de notícias de um parente, há um prontuário antecipado, onde todas as solicitações e informações estão anotadas a respeito do espírito que se quer evocar. Só isso já é uma evocação: a intenção de saber notícias de um espírito. Ele, onde estiver, percebe o chamamento mental e vem verificar de que se trata. Se não quiser dar informações, verificamos outro aspecto, os guias espirituais envolvidos informam isso, como também informam que ele não pode se comunicar, se esse for o caso. Por outro lado, alguns médiuns possuem a faculdade de *imisção psíquica* (ver *Dicionário de filosofia espírita* e *Dimensões da mediunidade*, publicados pelo CELD), que lhes permite entrar na mente do espírito e verificar suas verdadeiras intenções. Todas essas nuanças devem merecer treino adequado, é claro.

Os espíritos considerados felizes, e que são mais livres para agir, vêm logo atender ao chamado, quando sabem que os investigadores são sérios e estudiosos, e que não os farão perder tempo. Lembramos

do caso do espírito Mário Castro, antes catalogado: ele já sabia que o seu nome estava anotado para ser evocado naquela reunião. Hoje em dia, os meios de comunicação permitem rápido intercâmbio com os parentes, como no caso da "Tita", já mencionado. Por um simples telefonema, foi constatada a veracidade da informação, lembrando que esse não é um apelido comum de ser aventado aleatoriamente.

Existe ainda um problema que está muito discutido. É sobre quem pode ou não pode ser evocado. Antes de citar novamente Allan Kardec, lembramos que até os 'vivos' podem ser evocados, se bem que mais dificilmente, mas observem melhor o caso do rapazinho demonstrado no capítulo "Um jovem em dificuldade" e depois busquem a leitura da pergunta 420 de *O livro dos espíritos*:

> O espírito não está encerrado no corpo como numa caixa: ele irradia por todos os lados. Por isso ele pode se comunicar com outros espíritos, mesmo no estado de vigília, ainda que o faça mais dificilmente.

Agora, então, podemos, verificar a nota de Kardec a respeito de quem pode ou não ser evocado:

> Todos os espíritos, qualquer que seja o grau em que se encontrem na escala espiritual, podem ser evocados: assim os bons, como os maus, tanto os que deixaram a vida de pouco, como os que viveram nas épocas mais remotas, os que foram homens ilustres, como os mais obscuros, os nossos parentes e amigos, como os que nos são indiferentes.

É claro que existem impedimentos em certas circunstâncias, mas isso é eventual e tem suas causas, já também catalogadas por Kardec. Mas a questão aqui está bem esclarecida: consigamos as condições (estamos propondo um método eficaz) e teremos as respostas. As orientações de Allan Kardec estão atualíssimas e todos os médiuns e evocadores devem estudá-las detidamente.

Em nossos estudos, a simplicidade favoreceu o método, não havendo nenhuma necessidade de arranjos ritualísticos ou fórmulas. Simplesmente aventou-se a possibilidade de evocar esse ou aquele espírito, para essa ou aquela finalidade, e anotaram-se, num prontuário, os dados pertinentes. Lembremos que nas tarefas espíritas existem os espíritos guias e interessados em colaborar, que tomam providências sobre as questões propostas. Não tivemos um caso em que não houvesse uma resposta satisfatória. Em todos obtivemos alguma informação de esclarecimento.

Quanto ao caso da evocação do espírito de uma criança, a resposta está na questão 35 do Capítulo XXV de *O livro dos médiuns:*

> A alma da criança é um *espírito ainda envolto nas faixas da matéria;* porém, desprendido desta, goza de suas faculdades de espírito, porquanto os espíritos não têm idade, o que prova que o da criança já viveu.

Pode dar-se que o espírito se mostre como ainda criança, para ser reconhecido pelos médiuns e sensibilizar os parentes, principalmente os pais. Em um dos casos observados por nós, o espírito mostrou-se para nós e para sua mãe como criança, visto que ela mantinha a idéia de seu filho como ele havia morrido, criança ainda. Num outro caso, o espírito, ao sair do corpo, quando jovem de quinze anos, foi mantido na forma infantil, psicológica e perispiritualmente, para que não agravasse a sua situação e pudesse ser ajudado. Vimos, por outro lado, espíritos obsessores assumirem formas infantis, palavreado infantil, gesticulações infantis, para enganarem o dirigente das tarefas ou para sensibilizarem os membros do grupo mediúnico. São muitas as variedades de situações que se podem apresentar. Só a experiência e a intuição perceptiva proporcionam condições excelentes para lidar com esses casos. Sem que proporcionemos essas condições, nunca aprenderemos; ficaremos sempre com a teoria dos outros. Experimentemos com segurança, controle da força medianímica e confiança no amparo espiritual.

Finalmente, é preciso lembrar que as orientações codificadas por Allan Kardec não saíram de sua cabeça, mas tudo lhe foi dado pelo Espírito de Verdade e os seus assessores espirituais, da estirpe de João Evangelista, Paulo de Tarso, santo Agostinho, Fénelon, Pascal, são Vicente de Paulo, são Luís, Sócrates, Platão, Franklin, Swedenborg etc. Portanto, não podemos, a nosso bel-prazer, inovar e construir novos procedimentos, em desacordo com as orientações do Espírito de Verdade. Ai daquele que interferir com a verdade, enganando os mais humildes e pequeninos, impedindo-os de terem

contatos com seus entes queridos que já partiram para o além. É tirar-lhes o consolo prometido, e retroagir para a 'doutrina da morte', que o espiritismo combate com todas as suas forças. Terminamos aqui, citando o alerta de Jesus:

> Quem não é comigo é contra mim; e quem comigo não ajunta, espalha. Portanto, eu vos digo: todo o pecado e blasfêmia se perdoará aos homens; mas a blasfêmia contra o espírito não será perdoada aos homens. E, se qualquer disser alguma palavra contra o Filho do homem,[39] ser-lhe-á perdoado, mas se alguém falar contra o Espírito Santo,[40] não lhe será perdoado, nem neste século nem no futuro. (Mt 12,30-32)

---

[39] Aquele que foi humanizado, que se tornou homem (expressão da época, como se diz "filho da verdade" para quem é verdadeiro em seu modo de ser).

[40] Espírito Santo *"a legião dos espíritos redimidos e santificados que cooperam com o divino mestre, desde os primeiros dias da organização terrestre, sob a misericórdia de Deus"* (Emmanuel, questão 312 do livro *O consolador*, de Chico Xavier).

Bibliografia

BHAGAVAD GÎTA – A Sublime canção. Traduzida de acordo com o texto sânscrito e enriquecida de notas explicativas por Huberto Rohden. São Paulo, Alvorada, 1989.

BÍBLIA SAGRADA – Traduzida da Vulgata e anotada pelo pe. Matos Soares. 19ª ed., São Paulo, Edições Paulinas, 1965.

DENIS, LÉON. *Depois da morte.* Tradução de João Lourenço de Souza. 10ª ed., Rio de Janeiro, FEB, 1978.

________. *No Invisível: espiritismo e mediunidade.* Tradução de Leopoldo Cirne. 7ª ed., Rio de Janeiro, FEB, 1973.

________. *Cristianismo e espiritismo.* (1910). Tradução de Leopoldo Cirne. 6ª ed., Rio de Janeiro, FEB, 1971.

FERREIRA, AURÉLIO BUARQUE DE HOLLANDA. *Novo dicionário da língua portuguesa.* 2ª. ed., Rio de Janeiro, Nova Fronteira, 1986.

KARDEC, ALLAN. *O livro dos espíritos* (1857). Tradução de Salvador Gentile. 96ª. ed., Araras, IDE, 1995.

__________. *O livro dos médiuns* (1861). Tradução de Guillon Ribeiro. 34ª. ed., Rio de Janeiro, FEB, 1976.

__________. "*Vocabulaire Spirite*". In *Le libre des médiuns, guide des médiums et des évocateurs.* 1ª. ed., Paris, 1861, pp. 1–89.

__________. *O evangelho segundo o espiritismo* (1864). Tradução de Salvador Gentile. 117. ed., Araras, IDE, 1990.

__________. *O céu e o inferno* (1865). 2ª. ed., Rio de Janeiro, FEB, 1967.

__________. *A gênese, os milagres e as predições segundo o espiritismo* (1868). Tradução de Guillon Ribeiro. 27ª. ed., Rio de Janeiro, FEB, 1984.

__________. *Definições espíritas.* (Coordenação e notas de L. Palhano Jr.). 1ª ed., Niterói, Lachâtre, 1997.

_________. *O principiante espírita.* 15ª ed., Rio de Janeiro, FEB, 1969.

LUKER, MANFRED. *Dicionário dos deuses e demônios.* Tradução de Cecília Camargo Bartalotti e Marcelo Brandão Cipolla. São Paulo, Martins Fontes, 1993.

PALHANO JR., LAMARTINE. *Rosma, o fantasma de Hydesville.* 1ª. ed., Vitória, FESPE, 1992.

_________. *Diário de um espírita.* 1ª. ed., Niterói, Lachâtre, 1994.

_________. *Laudos espíritas da loucura.* 1ª ed., Niterói, Lachâtre, 1997.

_________. *Dicionário de filosofia espírita.* 1ª ed., Rio de Janeiro, CELD, 1997.

_________. *Dimensões da mediunidade.* 1 ª ed., Rio de Janeiro, CELD, 1998.

________. *Transe e mediunidade.* 1ª ed., Niterói, Lachâtre, 1998.

PEREIRA, YVONNE DO AMARAL. *Memórias de um suicida* (1954). 5ª ed., Rio de Janeiro, FEB, 1975.

XAVIER, FRANCISCO CÂNDIDO. *O consolador.* Ditado pelo espírito Emmanuel. 5ª. ed., Rio de Janeiro, FEB,1970.

Conheça a Série Transe e Mediunidade

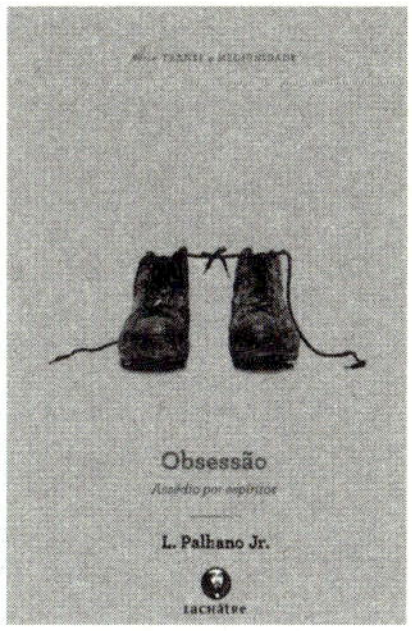

Esta edição foi impressa em Setembro de 2014 pela Assahi Gráfica e Editora Ltda., São Bernardo do Campo, SP, para o Instituto Lachâtre, sendo tiradas duas mil cópias, todas em formato fechado 140x210mm e com mancha de 100x171mm. Os papéis utilizados foram o Pólen Soft 70g/m² para o miolo e o Ningbo Fold 300g/m² para a capa. O texto foi composto em Baskerville 11,5/14, os títulos foram compostos na mesma fonte 24/30, as citações e as notas, em 9,5/14. A programação visual da capa foi elaborada por Andrei Polessi e a revisão textual por Cristina da Costa Pereira.